How to 스케이트보드

HOW TO TRAIN YOUR SKATEBOARD by Jack Francis and Ewa Żak
Published by arrangement with Thames & Hudson, London, through AMO Agency, Korea.
Concept and layout © Thames & Hudson 2023
Text © 2023 Jack Francis
Illustrations © 2023 Ewa Żak
This edition first published in Korea in 2023 by Hans Media
Korean edition © 2023 Hans Media

하우 투 스케이트보드

1판 1쇄 인쇄 2023년 6월 5일
1판 1쇄 발행 2023년 7월 4일

지은이 잭 프랜시스
일러스트 에바 자크
옮긴이 서나연
펴낸이 김기옥

실용본부장 박재성
실용1팀 박인애
마케터 서지운
판매전략 김선주
지원 고광현, 김형식, 임민진

디자인 푸른나무디자인
인쇄·제본 C&C Printing Offset Co., Ltd(China)

펴낸곳 한스미디어(한즈미디어(주))
주소 121-839 서울시 마포구 양화로 11길 13(서교동, 강원빌딩 5층)
전화 02-707-0337
팩스 02-707-0198
홈페이지 www.hansmedia.com
출판신고번호 제 313-2003-227호
신고일자 2003년 6월 25일
ISBN 979-11-6007-900-5 13690

MIX
Paper | Supporting
responsible forestry
FSC® C008047

How to 스케이트보드

잭 프랜시스 지음 | **에바 자크** 일러스트 | **서나연** 옮김

한스미디어

차례

The Story of Skateboarding
스케이트보딩 이야기

스케이트보드가 언제 처음으로 만들어졌는지 정확한 날짜를 꼬집어 말하기는 어렵다. 하지만 1940년대와 1950년대에도 이미 롤러스케이트 바퀴를 나무로 된 널빤지에 매달았다는 기록이 있다. 스케이트보딩의 인기는 부침을 겪어왔으며, 스케이트보드가 거의 자취를 감춘 적도 몇 번 있었다. 그러나 스케이트보드는 우리가 좋아하는 취미 활동으로서 여전히 건재하고, 2020년 도쿄 올림픽과 2024년 파리 올림픽 경기 종목으로 채택될 정도로 주류에서 인정받고 있다. 그렇다면 스케이트보딩은 어떻게 급부상하게 되었을까? 오늘날 우리가 알고 있고, 좋아하는 보드의 모습이 되기까지 어떤 다양한 형태를 거쳐 왔을까?

1960년대까지 스케이트보딩은 파도타기를 하던 서퍼들이 파도가 잔잔한 시기가 지나가기를 기다리는 동안 땅 위에서 즐기던 취미였다. 스케이팅 방식 역시 맨발의 서퍼가 물에서 하는 동작을 흉내 내면서 자연스레 서핑으로부터 지대한 영향을 받았다. 이윽고 점토 재질의 바퀴를 달아 특별히 제작한 스케이트보드가 판매되기 시작했다. 캘리포니아 지역 스케이터들이 앞장서서 활동하면서 전문 잡지도 만들어졌다. 사람들은 새로운 프리스타일 기술들을 대회에서 선보였으며, 일부는 전국 방송에 중계되기도 했다. 하지만 스케이트보딩은 곧 첫 번째 쇠퇴기를 맞았다. 급격히 부상했던 만큼 침체도 급격히 진행되었다. 새로운 제품이 제때 출시되지 못했고 금속 바퀴와 고정된 트럭이 달린 형태의 스케이트보드가 만족감을 주지 못했기 때문이다. 잡지가 중단되고 캠프도 사라지자 사람들은 스케이트보드도 요요처럼 한때의 유행에 불과한 것으로 여겼다.

　다행히 1970년대에 핵심 부품의 개발로 장비가 발전하면서 보도 서핑이라고 불리던 스케이트보딩은 두 번째 급물살을 탔다. 오늘날까지 사용되는 재료인 폴리우레탄으로 만든 바퀴 덕분에 주행이 더 부드럽고 조용해졌고, 특별히 고안된 트럭은 액슬axle과 결합하여 안정적인 방향 전환을 가능하게 해주었다. 이러한 발전으로 스케이터들은 저마다 고유한 스타일을 발전시킬 수 있었고, 이는 스케이트보딩에 새로운 활기를 불어넣었다. 특히 지보이스Z-Boys라는 팀은 1975년 델마에서 열린 전국대회의 슬라럼과 프리스타일 부문에서 모두 인상적인 경기를 펼치며 대성공을 거둔다. 1976년에는 캘리포니아에 찾아든 가뭄으로 뒷마당에 텅 빈 채 방치되던 수영장이 스케이터들의 능력을 새로운 차원으로 끌어올리는 데 활용되었다. 그중에서도 최초로 공중 동작을 선보였던 지보이스 팀의 토니 앨바Tony Alva가 거둔 성과는 특히 주목할 만하다. 또한 이 시기에는 처음으로 스케이트파크가 지어졌는데, 오늘날 우리가 익히 아는 스케이트파크와는 다른 독

특하고 놀라운 디자인이었다. 하지만 안타깝게도 스케이트보딩이 인기를 누리자 부상도 잦아졌고, 보험금 청구도 늘어났다. 이는 스케이트파크 폐쇄로 이어졌고, 결국은 두 번째 침체기를 불러왔다.

1980년대 초반은 스케이트보딩의 암흑기로 불리지만, 아무 노력도 없었던 것은 아니다. 작고 얇팍했던 지난날의 데크는 더 넓고 길어져 조정하기가 쉬워졌다. 그리고 일부 스케이터들은 살아남은 1970년대의 스케이트파크들을 활용하여 현대 스트리트 스케이팅의 토대가 된 트릭들을 개발하였다. 토니 호크Tony Hawk와 마이크 맥길Mike McGill, 스티브 카발레로Steve Caballero와 같은 전설적인 스케이터들이 볼bowl 스케이팅을 새로운 차원으로 발전시켰고, 프리스타일 스케이터 로드니 멀린Rodney Mullen은 플랫 그라운드 알리flat ground ollie와 킥플립kickflip을 비롯한 수백 가지 트릭을 만들어내며 기술적인 스케이팅의 영역을 확장했다. 1984년 대표적인 스케이트 팀 본스 브리게이드Bones Brigade는 최초로 장편 영화 길이의 스케이트 비디오를 출시해 폭넓은 인기를 얻었다. 하지만 스케이트보딩 인구 증가에 미친 영향 측면에서는 주인공 마티 맥플라이가 스케이트보드를 타고 등장한 1985년 영화 〈빽 투 더 퓨쳐Back to the Future〉의 역할을 따라잡을 수 없었다. 그 영화에 직접적인 영향을 받아 처음으로 스케이트보드를 시작했다고 말할 선수도 한둘이 아닐 것이다.

버트(수직을 뜻하는 버티컬vertical의 줄임말) 스케이팅은 1980년대를 거치며 계속 성장하였다. 1970년대에 만들어진 파크들이 철거되면서 이를 대신할 램프(곡면 기물)들이 뒷마당에 등장하기도 했지만, 램프나 스케이트파크에 쉽게 가지 못하는 사람들이 많았다. 이는 새로운 형태의 스포츠인 스트리트 스케이팅의 탄생을 불러온 촉매로 작용하였다. 사람들은 도시 지역에 모여들어 갭을 넘는 점프를 하거나 트릭을 구사하며 거리의 구조물을 최대한 활용했다. 마크 곤잘레스Mark Gonzales와 나타스 코파스Natas Kaupas는 스트리트 스케이트보딩의 주축으로 자리매김하게 된 기물인 난간을 처음으로 정복하며 새로운 지평을 열었다.

1990년대에 스케이트보드는 또 한 차례 진화하여 오늘날 주로 사용하는 더블 킥의 팝시클 형태(데크의 앞코와 뒤꼬리가 모두 위로 솟은 형태이면 더블 킥, 한쪽만 솟아 있으면 싱글 킥이라고 하며, 팝시클은 빙과류에 꽂는 막대처럼 위아래가 둥글고 양쪽 옆선은 굴곡 없이 직선인 형태를 일컫는다-옮긴이)가 되었다. 보드를

양방향으로 탈 수 있게 되자 '스위치'라고 일컫는 기술, 즉 반대 방향 스탠스에서 트릭을 수행하는 것이 가능해졌다. 이 모든 발전에도 불구하고, 스케이트보딩은 세 번째 쇠퇴기에 접어들었다. 스케이팅 인구가 감소하고 관련 제품 판매도 점점 줄어들었다. 그러나 전 세계 텔레비전으로 중계되는 익스트림 스포츠 대회인 엑스 게임에 등장하면서 빠르게 부흥기를 맞이할 수 있었다. 스케이트보딩은 성공적으로 주류에 귀환하여 대세를 이루었다. 이 대회를 통해 스트리트 스케이팅과 버트 스케이팅이 알려졌고, 토니 호크가 다시 명성을 날리는 계기가 되었으며, 마침내 비디오게임인 〈토니 호크의 프로 스케이터〉가 출시되기에 이르렀다. 역대 최고로 많이 판매된 시리즈 중 하나로 꼽히는 이 게임은 스케이트보딩을 대중화했고, 등장한 프로 선수들에게 유명세를 안겨주었다.

이후 스케이트보딩의 인기는 상당히 안정적으로 유지되고 있으며, 관련 산업도 막대한 규모로 성장했다. 여성 스케이터 인구가 전체의 25%를 차지할 정도로 증가했고, 도쿄 올림픽에서 입상한 여성 선수 6명이 모두 16세 이하였다는 점을 볼 때 스케이트보딩의 장래 역시 무척 밝다. 누구나 늘 스마트폰을 가지고 다니는 지금은 스케이트보딩과 관련된 영상이 그 어느 때보다 많고, 자신을 빛낼 기회 역시 모두에게 열려 있다. 지난 세월 동안 스케이트보딩은 성쇠를 거듭했지만, 사라지지 않고 지금 여기에 존재한다는 것만은 분명하다.

스케이트보딩이 내 삶에 큰 기쁨을 가져다준 만큼, 이 책을 통해 여러분에게도 그 기쁨이 전해지기를 바란다. 재미로든, 건강을 위해서든, 프로 선수가 되고 싶어서든 혹은 어떤 이유에서든 스케이트보딩을 시작할 때 알아야 할 모든 것이 이 책에 담겨 있다. 보드를 고르는 것에서부터 조립하기, 스케이팅 장소 고르기는 물론 여러분이 처음 보드를 타러 나갈 때 필요한 모든 것을 꼼꼼히 다룰 것이다. 그런 다음 스케이트보딩의 바탕을 이루는 모든 기본 동작을 하나씩 살펴볼 것이다. 스케이트보드를 타는 시간 대부분을 할애하게 될 동작들이다. 마지막에는 앞으로 여러분이 배우게 될 수백 가지 복잡한 트릭의 기초가 되는 핵심적인 트릭들을 차근차근 안내할 것이다.

Getting Started

시작하기

Parts of the Skateboard
스케이트보드의 구성품

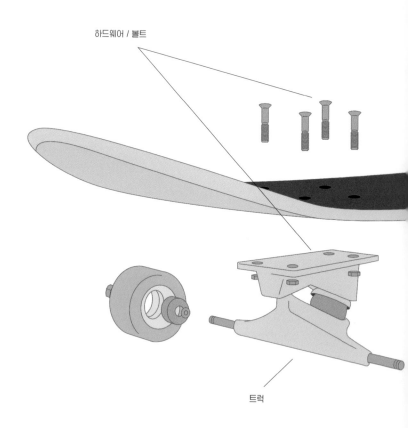

하드웨어 / 볼트

트럭

막상 스케이트보드를 사려면 두려움이 앞설 수 있다. 헤아릴 수 없이 많은 브랜드에서 다양한 형태와 색상과 크기의 수많은 부품이 출시되기 때문이다. 초보자는 흔히 모든 구성품을 한꺼번에 사기도 하는데, 이를 '컴플리트' 혹은 '세트업' 제품 구매라고 한다. 이런 제품들은 질적으로 편차가 클 수 있지만, 대부분 가격이 높을수록 더 좋은 제품이다. 너무 저렴한 가격대의 컴플리트 보드는 방향 전환이 어렵거나, 움직임이 느리거나, 쉽게 망가지는 등 만족스럽지 못한 경험을 안겨줄 수도 있다. 보드에 입문할 때는 이런 점들이 노력한 시간 대비 성취도에 큰 영향을 끼치는 요인이 된다.

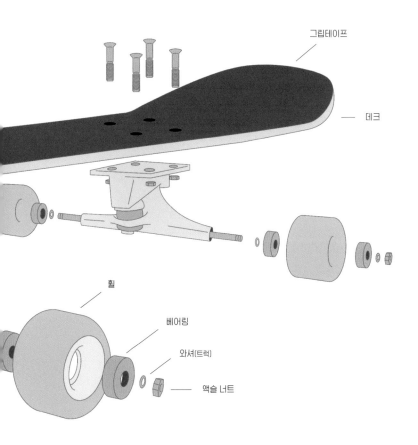

그립테이프

데크

휠

베어링

와셔(트럭)

액슬 너트

스케이트보드를 사용하다 보면 부품이 마모되면서 교체가 필요해진다. 바꿔야 할 부품도 다양하고, 교체 주기도 저마다 다르기 때문에 이런 소모품들을 사는 일도 뜻밖의 난관이 될 수 있다. 다음에 소개하는 내용을 알아두면 스케이트보드 용품점에 가서도 문외한처럼 보이지 않을 것이다.

데크

스케이트보드를 밴드에 비유한다면 데크는 무대의 주역인 리드 싱어라고 할 수 있다. 이 나무판에서 가장 돋보이는 요소는 바닥에 인쇄된 그림인 경우가 많지만, 그렇다고 그림이 가장 중요한 것은 결코 아니다. 데크는 7장의 얇은 단풍나무를 압착해서 정교하게 잘라 만든다.

데크에는 노즈nose와 테일tail이 있다. 데크 앞부분에 있는 노즈는 대개 조금 더 길고, 뒷부분에 있는 테일은 바닥에 더 가까울 수 있다. 노즈와 테일은 모두 트릭을 수월하게 하는 데 도움이 되는 요소들이다.

크기

데크의 폭은 좁게는 7인치에서 넓게는 10인치까지 다양하다. 어떤 것을 선택할지는 취향에 따라 다르지만, 일반적으로 몸집이 작은 사람은 폭이 좁은 보드를 타는 편이 더 다루기 쉽다. 유난히 몸집이 작거나, 8~9세 미만의 아동이라면 폭뿐만 아니라 길이도 짧은 '미니' 데크를 선택해도 좋다. 키가 작은 사람은 표준 길이인 7.75인치 폭의 데크로 시작해서, 어느 정도 익숙해지면 폭이 더 넓은 데크를 시도해볼 수 있다.

형태

보드에는 저마다 고유한 형태와 컨케이브concave가 있다. 가장 보편적인 것은 모든 스케이트보딩 방식에 두루 쓰이는 팝시클 형태이다. 그 밖에도 다양한 형태가 있는데, 대개는 테일과 노즈 근처가 더 넓은 모양이다. 이런 형태들은 노즈가 더 짧은 경우가 많아서 트릭을 구사하기가 어렵다. 그러므로 어느 정도 경험이 쌓일 때까지 기다렸다가 시도하는 편이 현명하다.

컨케이브는 보드에서 오목하게 들어간 곡면을 의미한다. 컨케이브가 비교적 평평하고 완만한 데크가 있는가 하면 더 깊숙하게 패인 데크도 있다. 그 차이는 미미하지만 컨케이브에 대한 선호가 매우 확고한 스케이터들도 있다. 데크를 살 때는 보드를 바닥에 내려놓고 직접 올라서 보는 것이 가장 좋다. 발을 대고 직접 느껴보면 나에게 가장 잘 맞는 데크를 결정하는 데 도움이 될 것이다.

  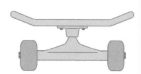

컨케이브

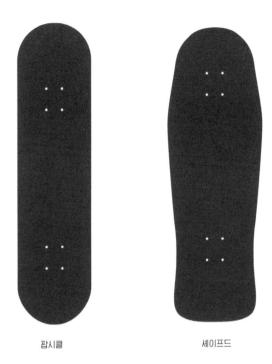

팝시클   셰이프드

가격

데크의 가격은 여러 요인에 따라 달라진다. 저렴한 가격대에는 밑면에 그림이 없는 '블랭크' 데크도 있다. 그러나 밋밋하다고 해서 무시하지는 말자. 특히 예산이 넉넉하지 않다면 눈여겨보아도 좋다. 블랭크 데크는 기능에는 전혀 손색이 없고, 가격이 더 높은 제품들과 같은 공장에서 같은 재료로 생산되는 경우가 많기 때문이다. 게다가 스티커를 활용하거나, 직접 창의력을 발휘해 데크를 꾸밀 수도 있다.

브랜드도 데크의 가격을 좌우하는데, 운송비용이 그 주요한 원인 중 하나다. 돈을 절약하고 싶다면 자신이 사는 지역에서 생산되는 브랜드의 제품을 구매하자. 지역의 스케이트보딩 산업에도 일조하는 셈이 된다.

가장 높은 가격대의 데크는 프로 모델들이다. 스케이트보드 선수들이 높은 순위에 올라 기업의 후원을 받게 되면, 프로 선수가 되고 자신의 이름을 딴 프로 모델이 제작되는 영광을 얻는다. 이런 일이 스케이터에게 엄청난 업적이 되는 이유에는 제품 판매 수익의 일정 부분을 받는다는 점도 포함된다. 따라서 진심으로 존경하는 스케이터가 있다면, 값이 조금 비싸더라도 그 선수의 프로 모델 데크를 선택해 응원할 수 있다.

트럭

이 커다란 쇳덩어리는 모든 것을 하나로 연결
하는 역할을 한다. 일반적으로 트럭은 상당히
오랫동안 사용할 수 있지만, 트럭을 구성하는
몇 가지 부품들은 내구성이 각각 다르다.

행어hanger는 스케이팅 동작 대부분을 직접 겪
는 부품이다. 그라인드를 할 때마다 행어는 서
서히 긁혀 나가는데, 이렇게 해서 트럭에 생긴
홈들은 트릭을 구사할 때 레일이나 코핑coping
에 잘 밀착해 움직이는 데 도움이 된다.

행어를 관통하는 것은 액슬axle이다. 액슬의 양
쪽 끝에 휠이 고정된다. 이따금 나사산(너트를 돌
려 끼울 수 있게 나선형으로 파놓은 홈)이 닳아 망가
지기도 하지만, 가까운 스케이트 판매점에 가
면 리쓰레더rethreader라는 도구를 이용해 쉽게
고칠 수 있다. 트럭 아래쪽의 베이스플레이트
baseplate는 4개의 볼트로 트럭을 보드에 튼튼
하게 고정하는 역할을 한다.

베이스플레이트에서 트럭 윗부분으로 돌출된
킹핀kingpin은 트럭의 주요 구성품들을 고정하
는 볼트로, 그 위에 끼우는 너트는 부품 중 가
장 크다. 트럭은 방향 전환이 가능하도록 고안

되어 있는데, 이때 행어의 위아래에 각각 있는
고무 재질의 작은 부싱bushing이 도움을 준다.
방향 전환이 힘들 때는 킹핀의 큰 너트를 느슨
하게 풀어보자.

부싱은 보드에 올라서는 사람의 무게를 모두
감당하므로 어마어마한 압력을 받게 된다. 따
라서 혹시 부싱이 갈라지지 않았는지 수시로
점검해야 한다. 발밑에서 뭔가 잘못된 느낌이
든다면 부싱이 망가졌기 때문일 수도 있다.

행어의 아래쪽은 베이스플레이트에 꼭 맞게 자
리하는데, 여기에 부싱과 비슷한 압력을 받는
피벗 컵pivot cup이라는 고무 재질의 작은 부품
이 하나 더 들어간다. 이 역시 손상되기 쉽기
때문에 트럭이 잘 돌아가지 않을 때는 피벗 컵
을 확인한다. 교체 비용은 저렴하다.

트럭을 선택할 때는 주로 높이와 폭을 고려해
야 한다. 트럭의 높이는 휠의 크기에 맞게 정하
는데, 휠이 클수록 트럭도 높아야 한다. 트럭의
폭은 데크의 폭에 좌우되는데, 이 두 가지 폭의
차이가 작을수록 안정성이 커진다.

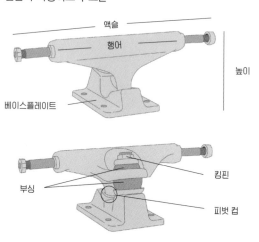

액슬

행어

높이

베이스플레이트

부싱

킹핀

피벗 컵

베어링

스케이트보드의 숨은 공신은 바로 베어링이다. 휠 내부에 숨어 있지만, 보드가 굴러갈 수 있도록 쉬지 않고 열심히 일한다. 도넛 모양의 통에는 금속이나 세라믹 재질의 작은 볼들이 들어 있어 휠이 돌 때 마찰을 줄여준다.

베어링의 품질은 흔히 ABEC 등급(허용오차를 나타내는 업계 표준)을 이용해 측정되지만, 이 등급에는 크게 신경 쓰지 않아도 된다. 베어링은 어디에서나 찾을 수 있으며, 기계가 망가지지 않도록 하는 핵심적인 역할을 한다. 이런 베어링들은 분당 약 3만 번 회전해야 하므로, 정밀하게 제작하는 것이 매우 중요하다. 하지만 스케이트보드를 시속 300마일(약 480㎞)로 타지 않는 한 보드에 들어가는 베어링의 ABEC 등급까지 걱정할 필요는 없다.

보드가 부드럽게 굴러가게 하려면 믿을만한 브랜드의 베어링을 사도록 하자. 최악의 상황은 베어링에 습기가 차서 녹이 스는 것이다. 이런 일은 절대로 일어나지 않도록 주의해야 한다. 회전이 느려지기 시작한 베어링은 깨끗하게 청소해 윤활유를 주입하면 다시 정상적으로 작동한다.

베어링은 매우 혹사당하는 부품이므로, 어쩌다가 하나씩 망가지기도 한다. 이럴 때는 두 가지 방법이 있다. 하나는 돈을 들여 8개들이 세트를 새로 장만하는 것이다. 다른 하나는 운 좋게 스케이트파크에서 여분을 가진 사람을 만나거나 스케이트 판매점에서 (아주 공손하게 부탁해서) 얻는 것이다. 나는 언제든 두어 개의 여분을 가지고 다닌다. 베어링 때문에 스케이팅을 중단하는 일은 없어야 하니까.

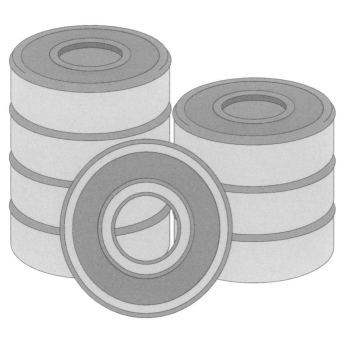

휠(바퀴)

휠은 우리가 스케이트보드를 타고 움직일 수 있도록 지속적으로 지면과 접촉하는 부분이다. 휠은 다양한 형태와 색상이 있고, 경도에 따른 내구성에도 차이가 있다. 이런 변수들은 보드의 속도와 기동성에 영향을 줄 수 있다. 스트리트 스케이팅을 선호하는지 혹은 경사 지형을 이용하는 트랜지션 스케이팅을 선호하는지, 아니면 크루징(주행)을 주로 하는지, 즉 스케이트보드를 타고 무엇을 하는가에 따라 적합한 휠을 선택해야 한다.

가장 먼저 고려할 점은 크기이다. 일반적으로 작게는 지름 48㎜에서 크게는 60㎜가 넘는 것까지 있다. 휠이 작을수록 조종하기는 쉽다. 방향 전환이 용이하고, 무게가 가벼워서 플립 트릭을 구사하기가 한결 수월하다. 특히 체구가 작은 사람은 작은 휠에서 균형을 잡기가 더 쉽다. 하지만 큰 휠에 비교하면 속도가 느리다는 단점이 있다.

지름

지름이 큰 휠은 속도를 유지하기에 유리하다는 점에서 버트 스케이팅이나 볼 스케이팅에 적합하다. 휠이 클수록 휠 바이트wheel bite가 일어날 위험도 커진다는 점은 주의해야 한다. 휠 바이트는 휠이 데크와 접촉하면서 움직임을 멈추게 하는 현상이다. 이를 방지하려

면 보드에 라이저riser를 부착하는 방법이 있다. 라이저는 트럭과 데크 사이에 끼우는 얇은 플라스틱으로 트럭의 높이를 높여 휠과 보드의 간격을 넓혀주는 효과를 낸다. 어떤 치수를 골라야 할지 모를 때는 만능으로 쓸 수 있는 54㎜를 선택하는 것도 좋다.

이보다도 더 큰 롱보드나 크루저보드의 휠은 거친 지형을 부드럽게 지나가는 데 도움이 된다. 휠이 크면 작은 돌이 나오더라도 그 위로 곧장 굴러갈 수 있으므로, 돌에 부딪혀 허공으로 날아갈 위험은 현저히 떨어진다.

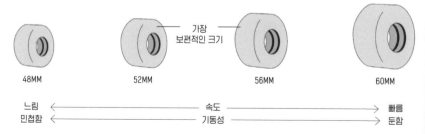

| 48MM | 52MM | 56MM | 60MM |

가장 보편적인 크기

| 느림 ← | 속도 | → 빠름 |
| 민첩함 ← | 기동성 | → 둔함 |

부드러움 ←————————————————————→ 단단함

73A   80A   85A   101A

강함 ←————————— 접지력 —————————→ 약함

경도

다음으로 고려할 사항은 휠의 경도다. 휠이 부드러울수록 지면을 쉽게 이동할 수 있고, 주행도 더 순조롭다. 반면 휠이 단단하면 속도가 빨라진다. 단단한 휠은 접지력이 좋지 않지만, 파워슬라이드 트릭이 가능하고 보드를 정교하게 조종할 수 있다. 휠이 너무 말랑말랑하면 몇몇 트릭들은 구사하기가 어렵지만, 대신 크루징에는 더할 나위 없이 적합하다. 휠의 경도는 경도계로 측정하는데, 가장 부드러운 휠의 경도는 73a이고, 가장 단단한 휠은 101a에 이른다. 어떤 휠을 선택해야 할지 망설여질 때는 96a~99a의 휠부터 시도해보면 각각의 장점을 모두 맛볼 수 있다.

접지면

마지막으로 휠의 형태와 접지면(휠이 지면과 닿는 부분)의 폭을 고려한다. 접지면이 넓을수록 빠른 속도에서도 접지력이 좋다. 빠르게 이동하면서도 통제력을 잃지 않으려면 폭이 넓은 휠이 적합하다. 민첩한 움직임과 가벼운 데크를 원한다면 접지면이 좁은 표준적인 형태의 휠을 선택하자.

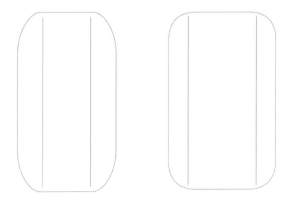

Putting your board together
보드 조립하기

컴플리트 보드 제품을 사더라도 언젠가는 부품을 교체할 일이 생긴다. 따라서 스케이트보드의 구성품들을 분해하고 조립하는 방법을 꼭 익혀두어야 한다.

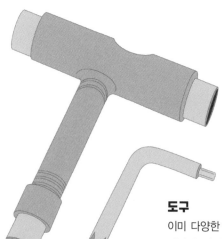

도구

이미 다양한 도구를 구비하고 있는 경우가 아니라면, 티 툴T tool을 마련하는 것을 추천한다. 표준적인 스케이트보드에 쓰이는 세 가지 크기의 너트를 조이고 푸는 데 필요한 것들을 정확히 갖춘 도구가 바로 티 툴이다. 볼트를 쥐고 풀 수 있는 앨런 볼트용 렌치(육각 렌치)도 포함되어 있을 것이다. 스크루드라이버로 풀어야 하는 볼트도 있으니, 렌치 끝에 십자드라이버가 결합되어 있는지도 확인해보자. 또 마모된 트럭에 나사산을 다시 만드는 도구나 휠에 베어링을 넣는 도구가 포함되기도 하지만, 이런 제품은 가격이 비싸다.

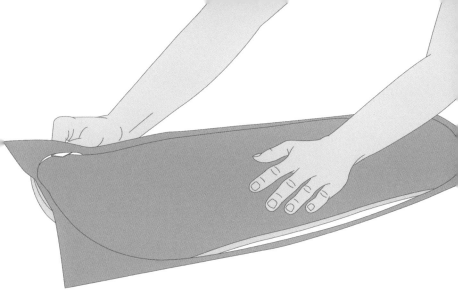

보드에 그립테이프 붙이기

보드에서 가장 자주 교체하는 부분이 데크이다. 새로운 데크를 사면 판매점에서 그립테이프를 붙여주기도 하지만, 그렇지 않거나 온라인 구매를 한 경우에는 직접 붙여야 한다.

먼저 그립테이프의 이형지를 벗겨낸다. 떼어낸 종이는 곧 필요하니, 한쪽 옆에 두고, 그립테이프를 데크에 조심스럽게 올려놓는다. 이때 그립테이프가 보드 전체를 감싸도록 바르게 놓였는지 확인하되, 아직 꾹 눌러 붙이지는 않는다. 벗겨냈던 종이를 그립테이프 위에 올린 다음, 이 종이를 손으로 문질러 기포를 없애면서 테이프를 눌러 부착한다. 보드의 가운데에서 바깥쪽을 향해 진행하면 된다.

이제 가장자리를 정리하고, 데크를 덮고 남은 그립테이프 부분은 잘라내야 한다. 줄칼이나 스패너처럼 길쭉하고 단단한 금속 도구를 이용해 보드 가장자리를 돌아가며 문지르면, 쉽고 깔끔하게 마무리할 수 있다.

보드 가장자리를 따라 뚜렷한 자국이 만들어졌으면, 남은 그립테이프 부분을 제거할 차례다. 이때 날카로운 물건을 쓰게 되므로, 이런 일에 서투른 사람이나 어린이의 경우에는 다른 사람의 도움을 받는 편이 좋다. 이제 스탠리 나이프나 면도칼처럼 날이 예리한 칼로 보드의 가장자리를 따라가며 그립테이프를 잘라낸다. 칼이 미끄러지더라도 날을 잡아당기지 않도록 주의한다.

필요 없는 부분을 모두 잘라냈으면 그립테이프 자투리를 이용해 가장자리를 매끈하게 다듬는다. 손가락에 들러붙지 않도록 그립테이프 조각을 반 접어 그립과 데크의 가장자리를 돌아가며 문지르면 된다. 이렇게 하면 그립테이프 가장자리가 벗겨지는 것을 막을 수 있다. 이제 구멍을 뚫는 일만 남았다. 스크루드라이버나 볼트를 이용해 데크의 아랫면에서 그립테이프를 통과하는 구멍을 뚫는다. 같은 방법을 반복해 필요한 구멍을 뚫는다.

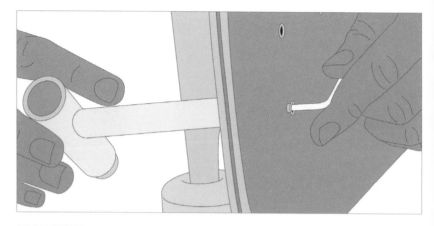

트럭 교체하기

트럭은 볼트 8개를 이용해 데크에 고정한다. 따라서 트럭을 교체하려면 먼저 볼트를 풀어야 한다. 스케이트보드를 그림처럼 옆으로 세운 다음, 티 툴에서 구멍이 가장 작은 소켓을 너트에 끼우고, 앨런 볼트용 렌치나 스크루드라이버는 볼트 머리에 끼워 넣는다. 한 손으로 볼트 머리가 함께 돌지 않도록 고정한 뒤, 다른 손으로는 '조이는 오른쪽, 푸는 왼쪽'을 기억하면서 티 툴을 시계 반대 방향으로 돌려 볼트가 빠질 때까지 너트를 푼다. 이 방법을 반복해 볼트를

빼면서 트럭 두 개를 모두 분리한다.

트럭을 데크에 고정할 때는 먼저 볼트를 모두 구멍에 밀어 넣고, 트럭을 제자리에 놓은 다음 손으로 볼트를 돌려 약간 조이고, 툴을 이용해 마저 꽉 조인다. 트럭의 방향이 맞는지 확실히 점검하고, 킹핀이 보드의 가운데를 향하는지 확인한 다음 단단히 조인다. 이때 볼트를 너무 많이 조이면 나무에 손상이 가고, 데크가 부러질 위험이 커지므로 주의한다. 볼트 머리는 그립테이프 면과 수평을 이루어야 한다.

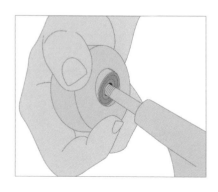

휠 교체하기

휠을 분리하려면 액슬 너트를 빼야 한다. 툴에서 중간 크기 소켓을 너트에 끼우고 시계 반대 방향으로 돌린다. 베어링도 제거하려면, 휠을 손에 잡고 트럭의 액슬을 약 1㎝ 정도 베어링에 넣은 다음, 휠을 잡은 손을 꺾듯이 돌려 액슬에 베어링이 걸려 나오도록 한다. 베어링을 빼낼 수 있도록 꽉 잡고 있어야 한다. 같은 방법으로 반대편 휠의 베어링도 뺀다.

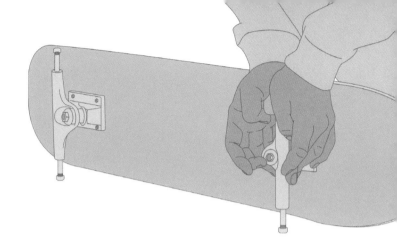

베어링 교체하기

휠에 베어링을 넣을 때도 트럭을 도구 삼아 이용한다. 먼저 베어링 한 개를 트럭 액슬에 끼운다. 이때 베어링에서 휠의 바깥쪽으로 보이는 면이 아래를 향하도록 한다. 이번에는 휠을 액슬에 끼우고 꾹 눌러 트럭이 액슬에 걸려 있던 베어링을 휠 안으로 끼워 넣도록 만든다. 휠의 방향을 돌려 빈자리에 같은 방법으로 두 번째 베어링을 끼운다. 베어링을 모두 교체했으면, 다시 휠을 트럭에 결합한다. 와셔(휠의 회전을 도와주는 작은 금속 고리)가 있으면, 각 휠을 끼우기 전에 먼저 와셔 한 개를 넣고, 휠을 끼운 뒤에 다시 와셔 한 개를 더 넣는다. 그런 다음 너트를 휠에 끼워 손으로 몇 번 돌려 고정해놓고, 툴을 이용해 꽉 조인다. 휠이 조금씩 흔들리지만, 빙글빙글 돌아가지 않을 정도로 적절히 조이도록 유의한다.

트럭 조정하기

스케이트보드를 타러 나가기 전에 트럭의 조임 정도를 조정해보자. 티 툴에서 가장 큰 소켓을 트럭 중심에 있는 킹핀 너트에 끼우고 시계 방향으로 돌려 조이거나, 시계 반대 방향으로 돌려 느슨하게 해준다. 이렇게 하면 보드의 방향 전환과 안정성에 영향을 줄 수 있다. 킹핀 너트를 완전히 제거하면 트럭을 분리해 부싱과 피벗 컵을 교체할 수 있다.

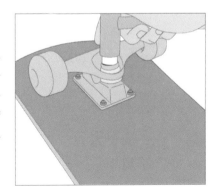

What to wear
스케이팅 복장

보드가 완벽하게 준비되었다면 이제 스케이팅을 하러 나갈 준비도 거의 마친 셈이다. 하지만 출발하기 전에 어떤 옷을 입을지 정해야 한다. 스케이트 문화는 여러 해 동안 유행을 주도해왔고, 스케이트파크는 마치 패션쇼 무대처럼 느껴질 때도 많다. 그렇지만 최신 유행에 맞는 새 옷을 입겠다는 생각은 잠시 접어두자. 콘크리트 바닥에서 쭉 미끄러질 때는 그 옷이 위험해질 테니까. 어떤 옷이든 구멍이 나거나 더러워져도 개의치 않을 만한 것으로 골라 입자.

보호대

스케이트보드 타는 법을 배우는 중이라면 바닥에 넘어지는 일에 익숙해져야 한다. 무릎 보호대와 팔꿈치 보호대, 손목 보호대와 헬멧은 스케이팅에 적응하는 동안 안전을 보장해줄 중요한 요소들이다. 스케이트보딩에서 입는 부상의 30% 이상이 시작하고 4주 이내의 기간에 발생한다. 지금이 여러분의 스케이트보딩 여정에서 가장 다치기 쉬운 시점인 만큼 보호 장구 착용을 창피하게 여기지 말자.

신발

신발은 너무 종류가 많아서 선택하기 힘들다. 무엇을 고르든 너무 애착을 갖지는 말자. 틀림없이 언젠가는 망가질 것이기 때문이다. 보드의 그립테이프에 신발을 꾸준히 긁어대다 보면 결국 닳아서 발가락이 툭 비어져 나올지도 모른다. 하지만 신발을 좀 더 오래 견디도록 해주는 것들이 몇 가지 있다. 스케이트 전용화는 스케이트보딩의 가혹한 조건과 강한 충격에도 잘 버티면서, 스케이트를 잘 타는 데 필요한 편안함과 통제력, 탑승감을 제공하도록 디자인되어 있다. 스케이트 전용화라고 해서 무조건 좋은 것은 아니지만, 좋은 출발점은 될 수 있다. 소재에 따라 내구성도 달라진다. 캔버스 천이나 부드러운 가죽은 상대적으로 쉽게 해어질 수 있으니 조심해야 한다. 그에 비하면 스웨이드나 가공 처리를 한 가죽, 일부 합성 소재들은 훨씬 내구성이 좋고 장기적인 관점에서 비용도 절약할 수 있다.

헬멧

신체에서 가장 잘 보호해야 할 곳을 하나만 고른다면 머리일 것이다. 버트 스케이팅에서는 거의 모두가 헬멧을 착용한다. 규모가 더 큰 램프에서는 위험도 그만큼 증가하기 때문이다. 평소보다 규모가 큰 기물에서는 헬멧을 쓰도록 하자. 머리를 보호하는 목적도 있지만, 새로운 동작에 도전할 때 헬멧 덕분에 좀 더 자신감을 얻을 수도 있다.

헬멧은 반드시 스케이트보딩 전용 제품으로 쓴다. 자전거용이라면 전면 충격에 대비해 디자인하지만, 스케이트보드용 헬멧은 모든 방향에서 오는 충격을 고려해 제작된다.

바지/반바지

하의는 스케이트보딩의 세계에서 또 하나의 논쟁거리다. 대다수 스케이터의 선택은 청바지이다. 헐렁한 바지는 편안하면서도 찰과상과 타박상을 막는 보호 효과까지 있다. 얇은 면직물 한 겹에 따라 정강이 피부가 멀쩡하게 붙어 있을 수도 있고, 콘크리트에 찢겨나갈 수도 있다. 두툼하고 목이 긴 양말 역시 다리를 보호하는 데 도움이 된다. 특히 플립 트릭이나 스트리트 스케이팅을 할 때 보드에 부딪혀 입는 부상을 줄이는 데 효과적이다. 반바지를 입을 때는 두툼한 양말을 신는 것이 바람직하며, 아직 무릎 보호대를 착용하지 않았다면 다시 한번 생각해 보기를 권한다.

헬멧

팔꿈치 보호대

손목 보호대

무릎 보호대

25

Where to Skate
스케이팅 장소

스케이트보딩의 묘미는 보드와 평평한 땅만 있으면 충분하다는 점에 있다. 나는 스케이트 보드 타는 법을 배울 때 친구들과 함께 우리 집 모퉁이를 돌아가는 한적한 거리에서 몇 시간씩 스케이팅을 하곤 했다. 우리에게는 평탄한 도로와 두어 군데 도로 경계석이 전부였지만, 몇 시간 동안 쉬지 않고 즐기기에는 부족함이 없었다. 그러나 여러분은 언젠가 동네를 벗어나 실력을 키울 장소로 나가보고 싶어질 것이다.

공영 스케이트파크

스케이트파크는 첫발을 떼기에 최적의 장소이다. 모든 기물은 도시 지역에서 볼 수 있는 시설들과 비슷한 모양이지만, 정해진 용도가 있는 시설물보다는 더 완만하고 견고하게 제작되어 있다. 오가는 차량도 없고, 대개는 유지와 보수 상태가 좋아서 도심 한복판의 도로 옆에 있는 딱딱한 렛지(보도블록 가장자리나 화단 경계석과 같은 장애물)에 비해서는 스케이팅을 하기가 한결 안전하다. 파크와 파크 내 램프는 주로 콘크리트나 나무 재질로 제작되고, 간혹 금속 재질을 쓰기도 한다. 모두 스케이팅에 적합한 재질이지만, 꼭 염두에 두어야 할 점도 있다. 당연하게도 콘크리트는 단단하기 때문에 세게 부딪히면 충격이 클 수 있다. 나무 램프는 넘어질 때 충격이 약간 덜하지만, 다른 소재에 비해 더 미끄럽다.

사설 스케이트파크

야외 스케이트파크는 대부분 공영이지만, 일부 야외 파크와 다수의 실내 파크는 사설로 운영되며 입장료를 받는다. 등록을 하고 사전에 시간을 예약해야 이용이 가능한 경우도 있다. 대부분의 실내 스케이트파크가 입장료를 받긴 하지만, 야외와는 달리 날씨의 영향을 받지 않는다는 커다란 장점이 있다.

대체할 만한 실내 공간

실내 파크의 입장료가 부담스럽거나, 너무 붐빌 때는 대체할 만한 장소를 찾아야 한다. 어디든 지붕이 있는 곳이면 좋겠지만, 안타깝게도 지붕이 덮인 장소 중에서 스케이팅할 수 있는 곳은 구하기가 쉽지 않고 단점도 있다. 주차장도 하나의 선택지가 될 수 있다. 평탄한 지면과 연석, 매뉴얼 패드(보도처럼 낮고 넓게 돌출된 평지–옮긴이)가 있고, 심지어 계단과 레일이 있기도 하다. 하지만 중요한 단점도 있다. 첫째, 주차장에는 차가 가득하다. 조심하지 않으면 정말 위험할 수 있다. 둘째, 관리인이 있는 주차장에서는 쫓겨날 가능성도 있다. 결코 이상적인 곳은 아니다.

스트리트 스케이팅

또 다른 선택지는 거리에서 스케이팅을 하는 것이다. 스트리트 스케이팅이야말로 가장 순수한 스케이트보딩 방식이라고 주장하는 사람들도 있다. 사람이 건축하고 조성한 환경에는 스케이팅에 적합한 시설이 가득하다. 뱅크와 레일, 계단, 렛지, 온갖 종류의 콘크리트 블록 등이 기물로 변신할 수 있다. 세계적으로 유명한 스케이트보딩 구역들은 스케이트파크가 아니라 스케이트보딩과는 전혀 상관없이 지어진 장소들이다. 하지만 그곳을 남다른 시선으로 포착한 스케이트보더들 덕분에 스케이트보딩의 유산으로 남은 것이다. 스트리트 스케이팅을 하고 싶지만, 어디서부터 시작해야 할지 모르겠다면, 가까운 스케이트파크에서 사람들에게 물어보거나 인터넷 검색으로 지역의 숨은 명소를 찾아보자.

Types of obstacles
기물 유형

스케이트파크에는 나무와 금속, 콘크리트 소재를 이용해 다양한 형태로 만든 기물들이 가득하다. 이런 기물들을 이용해 여러 가지 방식으로 스케이팅을 할 수 있다. 기물의 이름도 각양각색인 탓에 완전히 새로운 언어처럼 느껴질 때도 있다. 스케이트파크와 스트리트에서 마주칠 만한 기물들을 간략히 소개하겠다.

레일rail은 그라인딩과 슬라이딩을 할 때 이용하는 막대 형태의 금속이다. 상부는 둥글거나 사각형이다. 레일이 평지에 있으면 '플랫 레일flat rail'이라 하고, 경사지에 있으면 '슬로프드 레일sloped rail'이라고 한다. 계단이나 경사면을 따라 내려가는 슬로프드 레일은 '핸드레일handrail'이라고 한다.

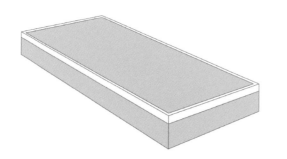

그라인드 박스grind box는 모서리를 이용해 그라인드 트릭을 할 수 있는 상자 형태 기물이다. 콘크리트나 나무 소재 상자에 모서리는 금속 소재를 쓰는 경우가 많은데, 그라인드 트릭에 특히 좋은 대리석 소재가 사용되기도 한다. 높이가 아주 낮은 그라인드 박스는 매뉴얼 트릭에 적합한 만큼 '매뉴얼 패드manual pad' 혹은 '매니 패드manny pad'라고 부른다. 폭이 특히 좁거나 다른 램프의 측면에 연결된 박스의 경우에는 '렛지ledge'라고 부르기도 한다. 경사진 렛지는 '허바hubba'라고 하는데, 보통은 계단이나 뱅크 옆에 나란히 자리한다.

키커 램프kicker ramp/**론치 램프**launch ramp 에는 직선이나 곡선의 경사가 있으며 점 프할 때 쓰인다. 일반적인 램프들보다 크 기가 작은 경우가 많고, 휴대가 가능하다.

플랫뱅크flatbank 혹은 흔히 뱅크라고 부 르는 기물은 직선 경사가 있는 램프로 꼭 대기에서 롤인!roll in하거나, 올라가서 트릭 을 한다.

쿼터 파이프quarter pipe는 평지에서 이어지 는 곡선 경사면이 있는 램프다. 꼭대기에는 대개 코핑이라는 금속 막대기가 붙어 있다. 쿼 터 파이프 두 개를 마주 보게 연결하면 하 프파이프halfpipe라고 한다. 높이가 높지 않 고 윗부분이 수직으로 내려오지 않으면 미 니 램프mini ramp라고 한다. 쿼터 파이프 두 개를 서로 등지게 연결한 것은 스파인spine 이라고 한다.

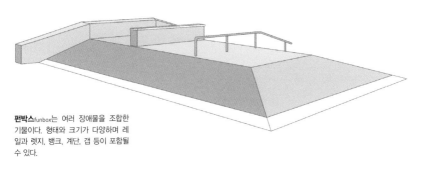

펀박스funbox는 여러 장애물을 조합한 기물이다. 형태와 크기가 다양하며 레 일과 렛지, 뱅크, 계단, 갭 등이 포함될 수 있다.

힙hip은 램프 두 개가 서로 만나는 곳으로, 램프와 램프가 접하는 부분은 바깥쪽으로 돌출된다. 플랫뱅크 두 개, 쿼터 파이프 두 개가 만나는 곳이거나 볼의 일부일 수도 있 다. 두 램프가 만나는 모서리는 그림처럼 뚜 렷하게 각이 생길 수 있다. 혹은 각진 모서 리 없이 이음매가 보이지 않고, 매끈하게 하 나로 합쳐지기도 한다.

볼bowl/**풀**pool은 스케이트보딩을 위해 지어 진 기물일 수도 있고, 물이 없는 수영장일 수도 있다. 볼에서는 파크 스케이트보딩 경 기를 치르며, 규모나 형태가 다양하다. 스케 이트보딩용으로 지은 볼에 수영장의 지형적 특징을 넣기도 한다. 예를 들면 콘크리트 풀 코핑이나 코핑 주변의 모자이크 타일, 코핑 가까이 위치한 배수구가 있는 직사각형 갭 인 '데스박스deathbox' 등이 있다.

스케이트파크 예절

스케이트파크는 두려운 장소일 수 있다. 초보자라면 더욱 주눅 들 것이다. 혹시 다른 사람의 진로를 방해하거나, 잘못된 행동을 할까 봐 염려될 수도 있지만, 너무 걱정할 필요는 없다. 스케이트를 얼마나 잘 타는지는 중요하지 않다. 스케이트파크를 이용하는 암묵적인 규칙만 파악하면 다른 사람에게 거슬릴 걱정 없이 자신 있게 돌아다닐 수 있다. 어쨌든 우리도 다른 사람과 마찬가지로 그곳에서 스케이트를 탈 권리가 있으니, 스케이트파크 예절을 철저히 지킨다면 전혀 주눅 들 필요가 없다.

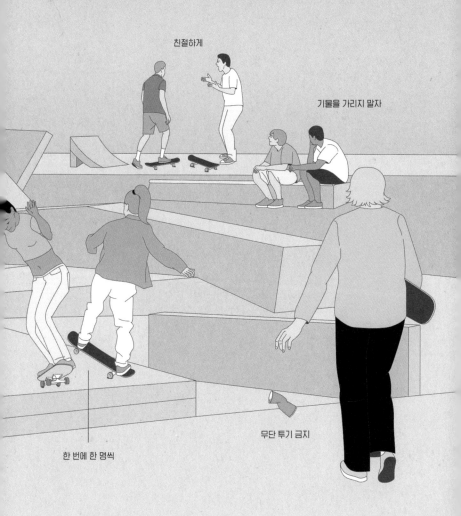

친절하게

기물을 가리지 말자

무단 투기 금지

한 번에 한 명씩

Skatepark etiquette
스케이트파크 예절

끼어들기는 금물

램프 꼭대기에 올라가면 줄 뒤에서 순서를 기다려야 한다. 우리가 올라간 램프뿐만 아니라 다른 램프에서도 같은 라인을 타려고 기다리는 사람들이 있다. 따라서 다른 방향에서 오려고 기다리는 사람들이 없는지 확인해야 한다. 아무리 잘 타는 사람이라고 해도 차례는 지켜야 한다. 그러니 새치기는 하지 말자. 중간에 끼어드는 사람은 환영받지 못한다.

라인을 파악하자

다른 사람과 충돌하는 일이 없도록 주변 상황을 민첩하게 파악해야 한다. 일반적으로 파크에는 사람들이 출발하고 돌아오는 특정한 지점들이 있다. 이런 경로를 라인이라고 하는데, 특히 스트리트 기물 배치가 많은 파크에서 이런 특징이 두드러진다. 즉 스케이트보딩의 통행이 특정한 노선을 따라서 꾸준히 흐름을 탄다는 뜻이다. 따라서 라인을 가로지를 때는 오가는 사람이 있는지 잘 확인해야 한다. 스케이트를 탈 때는 라인을 잘 따라야 하고, 만약 라인을 따르지 않는다면 특별히 더 주의를 기울여야 한다.

기물을 가리지 말자

파크 안에 있는 것은 거의 모두 스케이트를 타기 위한 용도로 만들어졌다. 소지품은 방해가 되지 않게 치워두어야 하지만, 잘 지켜보는 것이 좋다. 스케이팅을 하려는 기물에 누군가 앉아 있는 것처럼 거슬리는 일은 없다. 기물에 앉아 있다가는 호통을 듣거나 부딪치기 십상이다. 램프를 내려가는 참이라고 해도 차례가 될 때까지는 가장자리에서 물러나 있어야 다른 사람에게 방해가 되지 않는다.

한 번에 한 명씩

스케이트파크가 한산하고 오직 나와 내 일행만 있다면 모두 함께 라인을 타도 괜찮다. 자유롭게 같이 타는 것도 아주 재미있다. 하지만 파크가 붐빌 때는 한 번에 한 명씩만 타야 한다. 앞사람이 방금 램프를 내려갔다면 끝날 때까지 기다렸다가 출발한다. 충돌의 위험은 가능한 한 줄이고, 모두가 공평하게 파크를 이용하도록 하자.

왁스는 적당히

왁스를 표면에 바르면 그라인드 트릭을 하기가 수월하다. 하지만 적당한 양만 발라야 한다. 금속에 왁스를 너무 많이 칠하면 기물이 빙판처럼 변해서 스케이팅 자체를 할 수 없게 되거나, 누군가 다칠 수도 있다. 이런 문제를 피하려면 내가 타는 보드와 트럭에 왁스를 바르면 된다. 기물에 왁스 칠이 꼭 필요하다면 다른 스케이터들에게도 동의를 구하는 것이 일반적인 예의이며, 대부분은 호의적으로 응해준다.

무단 투기 금지

스케이트보딩처럼 아주 작은 돌멩이에도 나가떨어질 수 있는 운동을 할 때는 주변을 깨끗하게 하는 것이 매우 중요하다. 스케이트파크는 물론이고 스케이트보딩 구역이나 거리, 그 어떤 곳에서든 바닥에 쓰레기를 함부로 버리지 말자. 그냥 절대로 버리지 말자!

친절하게

스케이트파크는 스케이트보딩을 (그리고 비엠엑스와 롤러스케이팅도) 좋아한다는 공통점이 있는 사람들이 모이는 곳이다. 사람들이 배우고, 대화하고, 자신을 표현하고, 즐겁게 시간을 보내는 곳인 만큼 모두가 즐길 수 있는 장소를 만드는 데 힘을 보태자. 어려움을 겪는 사람에게는 도움의 손길을 내밀어보자.

참견은 자제

트릭을 연습하거나, 오랫동안 연습한 트릭을 시도하는 사람 옆에서 곧바로 같은 트릭을 하면 잘난 척한다는 인상을 줄 수도 있으니 주의한다. 또한 부탁받지 않은 조언을 하는 것은 거들먹거리는 행동으로 보일 수 있으니 삼가야 한다. 먼저 조언이 필요한지 물어보고, 상대가 받아들이거나 사양할 기회를 주도록 하자.

Basic skills
기본 기술

Standing on your Board

보드에 올라서기

보드에서 떨어지지 않고 잘 서 있으려면 발의 위치를 올바르게 잡는 것이 중요하다. 사실 스케이트보드를 탈 때는 발을 어느 자리에 어떻게 둘지 생각해야 할 때가 많다. 트릭에 따라 발의 위치도 적절히 바꿔야 하기 때문이다. 하지만 우선은 단순히 스케이트보드를 타고 이동할 때 발을 놓는 위치에 대해서만 생각해보자.

레귤러 혹은 구피

가장 먼저 어떤 발을 앞쪽에 둘지 정해야 한다. 스케이트보더는 앞쪽에 두는 발에 따라 레귤러regular와 구피goofy로 나뉜다. 레귤러는 왼발을 앞에 두는 사람, 구피는 오른발을 앞에 두는 사람을 뜻한다. 그런데 레귤러와 구피는 꼭 오른손잡이인지 왼손잡이인지, 아니면 다른 스포츠를 할 때 오른발잡이인지 왼발잡이인지에 따라서 정해지지는 않는다. 단지 내가 어느 발을 앞에 두었을 때 가장 편한지에 따라 정하면 된다. 자신이 어느 쪽인지 아리송하다면 왼발과 오른발을 모두 시도해보자. 어느 쪽이든 다른 쪽을 앞에 두었을 때보다 자연스럽게 느껴지는 발이 있을 것이다.

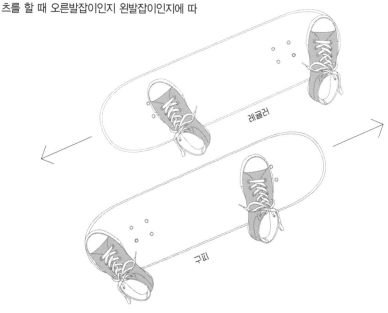

레귤러

구피

스탠스stance

보드에 오를 때는 앞발을 보드의 볼트 자리에, 뒷발은 테일tail(뒤꼬리)에 놓는다. 이때 두 발의 간격은 최대한 넓게 벌려주는 편이 좋다. 하체가 넓은 밑받침을 만들어주면 균형을 잡기가 쉽고, 보드에서 떨어질 가능성도 줄어든다. 양발은 반드시 보드의 옆을 향하도록 놓고, 무릎은 살짝 구부려 무게 중심을 낮게 유지해야 균형을 잡기가 수월해진다.

레귤러와 구피 외에도 스케이트보드에 올라타는 방법을 나타내는 중요한 용어들이 몇 가지 더 있다. 스위치switch는 평소에 자연스럽게 보드를 타는 기본자세의 방향과 반대로 타는 것, 이를테면 레귤러인 사람이 구피 방향으로 타는 것을 말한다. 널리nollie는 보드에 타는 기본자세에서 발 위치를 보드 앞쪽으로 이동해, 앞발이 보드 노즈nose(앞코)에 오도록 하는 것을 뜻한다. 기본자세 그대로 보드에 올라서면서, 보드 진행 방향만 반대로 할 때는 페이키fakie라고 말한다.

Falling
떨어지기

스케이트보딩에 익숙해지려면 언젠가는 반드시 보드에서 떨어질 수밖에 없다는 사실을 받아들여야 한다. 잠자는 시간 외에는 거의 언제나 보드를 타는 선수들조차 바닥에 나동그라졌다가 일어나야 할 때가 있다.

하지만 보드에서 떨어질 걱정에 빠져 심란해하지는 말자. 넘어질지도 모른다는 생각에 지나치게 사로잡혀 있으면 방해만 될 뿐이다. 다행히 조금도 다치지 않도록 바닥에 떨어지는 방법이 여러 가지 있으니, 늦기 전에 미리 배워두는 것이 바람직하겠다.

무릎으로 떨어지기

스케이트보드를 배울 때는 당연히 보호 장구를 착용해야 한다. 그중에서도 특히 무릎 보호대는 보드에서 떨어질 때 진가를 발휘한다. 균형을 잃을 것 같거나 보드 위로 착지하지 못할 것 같은 순간에 완벽한 탈출구가 되어주기 때문이다.

일단 무릎에 보호대를 착용한 뒤에, 무릎을 꿇으며 떨어지는 연습부터 시작한다. 만약 조금이라도 다치거나 충격이 간다면 보호대를 바르게 착용했는지, 보호대가 자신에게 맞는 치수인지 확인해본다. 괜찮다면 무릎으로 미끄러지며 떨어지는 방법을 시도해보자. 스케이트파크에서는 평탄하지 않은 표면에서 무릎으로 떨어지는 방법을 연습할 수 있다. 무릎과 팔꿈치, 손목에 보호대를 착용하면 보드에서 떨어질 때 양 무릎과 양 팔꿈치 모두를 이용하는 방법을 연습할 수 있다.

손으로 짚지 않고 떨어지기

이상적인 세계라면 언제나 무릎으로 아프지 않게 떨어질 수 있겠지만, 현실에서는 상황이 늘 그렇게 흘러가지만은 않는다. 게다가 보호대 착용을 꺼리는 경우에는 무릎에 가해지는 충격이 만만치 않을 것이다. 그렇다면 다른 방법은 무엇일까? 보드에서 떨어질 때 대부분 보이는 첫 반응은 넘어지는 속도를 늦추려고 손을 내뻗는 것이다. 하지만 손과 손목은 그렇게 튼튼하지 못하다. 따라서 스케이트보드를 타면서 발목과 더불어 손목을 가장 흔히 다친다는 사실은 놀랍지 않다. 이런 점을 고려하면, 우리의 손과 팔을 이어주는 많은 뼈를 희생시키지 않고 떨어지는 방법을 찾는 것이 중요하다.

다행히 어깨와 옆구리 부분은 떨어지는 힘을 누그러뜨리는 데 필요한 완충 작용을 할 수 있다. 보드에서 떨어질 때는 손을 바닥에서 멀리 떨어뜨려 몸 쪽으로 끌어모으도록 해보자. 이렇게 하면 몸통의 옆구리 부분으로 충격을 감당하는 데 도움이 된다. 또 더 빠르게 움직일수록 바닥을 따라 쭉 미끄러져 갈 수 있으므로 더 쉽게 충격을 완화할 수 있다. 이런 방법으로 떨어지면 분명히 입고 있는 옷, 특히 티셔츠를 망치게 되겠지만, 그 정도는 더 큰 것을 얻기 위해 치르는 작은 희생으로 생각하자.

Pushing
밀기

이제 보드에 올라설 수 있고, 떨어지는 방법도 익혔으니 보드를 타고 이동해볼 차례다. 언덕에 서 있는 것이 아니라면, 보드가 움직일 수 있도록 밀어주어야 한다. 이럴 때 한 발은 데크에 두고, 다른 발은 보드에 올리기 전에 힘을 주어 바닥을 차야 한다.

시작 자세

먼저 앞발은 진행 방향으로 향하도록 앞 트럭을 고정하는 볼트 위에 올려놓는다. 이때 앞발이 데크 앞쪽으로 너무 치우치면 발가락에 힘이 실리는 순간 뒤쪽 휠이 들리면서 곤란해질 수 있다. 뒷발은 앞발과 마찬가지로 진행 방향을 향한 채 보드 옆의 지면을 딛고 있어야 한다. 뒷발의 위치는 보드와 가까워야 하지만, 휠에 부딪히지 않을 정도로 간격을 두어야 한다.

동작

지면을 디딘 발을 이용해 스케이트보드와 앞발을 앞으로 밀어준다. 뒷발이 보드의 테일에 가까워지면 발을 들어올려 테일 위에 둔다. 이때 뒷발은 보드의 옆을 향하도록 올려놓는다. 뒷발을 들어 올리면서 어깨를 돌려, 몸이 앞을 향하지 않고 측면을 보도록 한다. 미는 동작을 할 때는 뒷발을 앞발과 나란히 하면서, 너무 뒤쪽으로 처져 있지 않도록 주의한다. 뒷발을 보드에 올리기 전에 미는 동작을 여러 번 하려면, 동작을 반복하기 전에 먼저 뒷발이 앞발과 나란해지도록 해야 한다.

마지막 발 놓기/동작

이제 양발을 모두 보드에 올렸다면, 다시 안정적인 기본자세로 돌아갈 차례다. 앞발을 돌려 보드의 옆을 향하고 있는 뒷발과 나란해지도록 한다. 발을 돌릴 때 그립테이프가 방해될 수 있지만, 뒤꿈치를 들어 발가락만 보드에 닿게 하면 방향을 바꾸기가 조금 쉬워진다. 밀기를 할 때마다 앞발은 다시 앞을 향하도록 돌려주어야 한다. 원한다면 앞발을 대각선으로 놓아, 앞발을 많이 돌리지 않고도 기본자세와 밀기 동작을 오갈 수 있도록 해도 된다.

움직이면서 밀기/더 빠르게 밀기

미는 힘을 최대한으로 끌어올리려면 밀기 동작을 할 때마다 다리를 구부렸다 펴준다. 이보다 더 빠르게 가기 위해서는 뒷발로 지면을 차기 전에 먼저 뒷다리를 앞으로 쭉 뻗어서 더 오랫동안 세게 밀어줄 수 있게 한다. 밀기 동작을 더 잘하려면 앞발을 앞으로 향하도록 볼트 위에 올려놓은 채, 뒷다리로는 발이 지면에 닿지 않도록 크게 미는 동작을 따라 하면서 앞다리로 균형을 잡는 연습을 한다. 이렇게 하면 힘과 균형 감각을 기를 수 있다.

몽고mongo

뒷발을 보드 뒤쪽 트럭의 볼트 자리에 앞을 향해 올리고, 앞발로 미는 방법을 더 편하게 여기는 사람들도 있다. 이런 방식을 몽고 푸시라고 한다. 몽고도 사용할 수 있는 방법이지만, 고려해야 할 점이 몇 가지 있다. 첫째, 이 자세에서 알리를 비롯한 대부분의 트릭을 시도하려면 발 위치를 다시 잡기 위해 더 복잡한 과정을 거쳐야 한다. 뒷발을 돌려서 다시 테일에 올려놓아야 하기 때문이다. 둘째, 일반적인 경우보다 스케이트보드가 더 불안정하며 속도가 빠를 때는 특히 안정적이지 못하다.

앞 트럭에는 체중이 실리지 않으므로 보드의 앞부분이 다른 방향으로 빠지거나 균형을 잃기 쉽다. 마지막으로, 애석하게도 몽고 푸시는 잘못된 스케이트보딩 방식이라는 생각이 어느 정도 굳어졌다. 이렇게 미는 방법은 약간은 어색해 보일 수밖에 없기 때문이다. 비록 스케이트보딩이 개성을 중시하고, 독특한 행동도 포용한다고 하지만, 불행하게도 몽고 푸시를 한다면 빈축을 사거나 비웃음을 당할 수도 있다.

스케이팅을 이제 막 시작했거나 오랫동안 타지 않았다면, 뒷발로 미는 방법을 배우기를 권한다. 하지만 이미 앞발로 밀면서 한참 동안 타온 경우라면 걱정하지 않아도 된다. 스케이팅에 잘못된 방법은 없다. 이 방식으로 스케이팅을 즐길 수 있고 동작에 방해를 받지 않는다면 굳이 바꿔야 할 필요는 없다.

Stopping
멈추기

보드를 타다 보면 결국에는 멈추고 싶은 순간이 온다. 멈추기는 난이도와 실용성과 방식에 따라서 다양한 방법이 있다.

지면에 발 내려놓기 (1)

가장 간단하게 멈추는 방법은 기본적으로는 밀기와 같지만, 순서를 거꾸로 하는 것이다. 우선 앞발이 앞을 향하도록 돌리고, 뒷발은 보드에서 내려 바닥에 완전히 딛는다. 이때 뒷발은 앞발보다 약간 뒤쪽에 두고, 계속 가려는 저항에 맞서 다리에 단단하게 힘을 준다. 저항의 정도는 이동하던 속도와 지면의 평탄도에 따라 달라진다.

이 방법이 까다롭게 느껴진다면, 언제든 보드에서 곧장 뛰어내려 양발을 함께 지면에 딛는 방법을 쓸 수 있다. 그러나 언젠가는 한 발을 지면에 내려놓으며 멈추는 방법을 배워야겠다는 생각이 들 것이다.

테일 스톱 [2]

보드 끝을 바닥에 끌면서 멈추는 방법이다. 먼저 기본자세로 이동하면서 앞다리를 구부려 앞발을 들어 올린다. 이때 뒷다리는 쭉 펴서 앞발보다 뒷발이 낮아지게 한다. 이는 스케이트보드 위에서 한 다리로만 지탱하고 서 있는 자세인 셈이다. 이렇게 하면 자연히 테일이 내려가 바닥에 닿으면서 속도를 늦춰주는 마찰을 일으킨다. 상체가 너무 뒤로 빠지면 넘어질 수 있으므로, 어깨가 보드 위에서 벗어나지 않도록 주의한다.

파워슬라이드 powerslide

파워슬라이드는 몸과 스케이트보드의 방향을 90도 돌리면서, 휠로 바닥을 긁으며 움직이는 동작이다. 가장 우아하면서도 효과적으로 속도를 낮추거나 멈추는 방법이다. 언덕을 질주해 내려가면서 속도를 늦출 때 혹은 충돌을 피하기 위해 갑자기 멈출 때 가장 좋은 방법이 파워슬라이드다. 하지만 이 기술을 숙달하려면 어느 정도 연습이 필요하다. 연습은 평탄하고 매끈한 바닥에서 하는 것이 좋다. 거친 지면에서 하려면 속도가 상당히 빨라야 한다. 게다가 제

대로 하지 못하면 엉덩방아를 찧거나 앞으로 튕겨 나가게 되는데, 가파르고 돌이 많은 도로를 돌진하다가 그런 일이 생긴다면 곤란할 것이다.

출발은 속도감 있게 하면서, 발은 기본자세를 취하고 무릎을 구부린다. 그런 다음 어깨를 돌리고 몸을 뒤로 젖힌다. 엉덩이를 돌리면서 뒷다리를 뻗어 뒤 트럭이 앞 트럭과 나란히 오도록 이동한다.

어깨를 앞으로 돌리고, 뒤로 약간 젖힌다.

뒤 트럭이 앞 트럭과 나란히 오도록 한다.

엉덩이를 돌리면서 뒷다리를 뻗는다.

파워슬라이드 자세를 잡았으면, 휠에 대한 바닥의 저항을 견딜 만큼 몸을 뒤로 충분히 젖히는 것이 중요하다. 뒤꿈치로 바닥을 찍듯이 힘을 주고, 발가락은 치켜들면 보드를 미는 데 도움이 된다. 몸을 덜 젖히면 보드가 중간에 멈추고, 너무 많이 젖히면 엉덩방아를 찧는다. 속도가 줄기 시작하면 두 가지 방법을 선택할 수 있다. 첫 번째는 뒷다리 무릎을 구부린 채, 어깨와 엉덩이를 돌리며 몸을 앞으로 살짝 숙여 다시 기본자세로 돌아오는 방법이다. 두 번째 방법은 스케이트보드가 완전히 멈추게 두는 것으로, 움직임이 멈추기 직전에 몸을 앞으로 살

짝 숙여야 뒤로 나동그라지지 않는다.

이 동작을 하려면 적절한 속도를 파악하고 몸을 얼마나 젖혀야 하는지 익히기 위한 시행착오를 거쳐야 한다. 하지만 일단 요령을 깨우치면 계속 하고 싶을 만큼 재미있는 동작이다. 아주 빠르게 가면서 얼마나 오랫동안 할 수 있는지 도전해보아도 좋다. 그러나 휠이 망가질 위험이 있으니, 특히 새 휠인 경우에는 주의해야 한다. 휠이 마모되어 상대적으로 납작해질 수 있고, 상태가 매우 좋지 않으면 주행 중에 듣기 싫은 소리가 나고 속도도 떨어질 것이다. 분명히 경고했다!

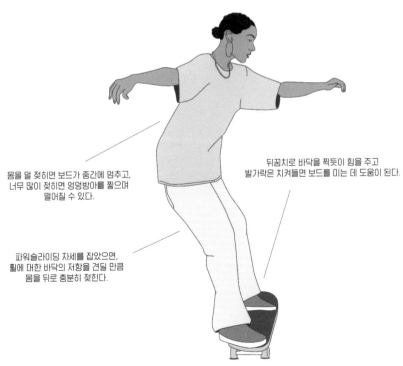

몸을 덜 젖히면 보드가 중간에 멈추고, 너무 많이 젖히면 엉덩방아를 찧으며 떨어질 수 있다.

뒤꿈치로 바닥을 찍듯이 힘을 주고 발가락은 치켜들면 보드를 미는 데 도움이 된다.

파워슬라이딩 자세를 잡았으면, 휠에 대한 바닥의 저항을 견딜 만큼 몸을 뒤로 충분히 젖힌다.

Turning
턴

스케이트보드에서 방향을 바꾸는 방법은 두 가지가 있다. 상황에 따라 적절한 방법이 달라진다. 가장 기본적인 방법은 크게 힘이 들지 않고, 빠른 속도로 갈 때 활용하기 좋다. 휠 네 개가 모두 바닥에 닿아 있으므로 보드를 조정하기가 더 쉽기 때문이다. 이 방법은 트럭의 구조 덕분에 가능하다. 부싱은 액슬을 움직이게 하는데, 보드를 뒤집어서 휠 하나를 눌러보면 직접 움직임을 확인할 수 있다. 데크의 어느 한쪽에 압력을 가하면 그 방향으로 움직이게 된다.

이런 방법으로 방향 전환을 잘하려면, 발을 기본자세에 두는 것이 중요하다. 뒤꿈치와 발가락을 이용해 왼쪽과 오른쪽에 압력을 주어야 하기 때문이다. 움직이는 방향은 기본자세가 레귤러인지 구피인지에 따라 달라진다.

이동하는 중에 방향을 바꾸려면 보드 가장자리를 넘어 몸을 앞으로 숙이고, 발가락에 힘을 주어 누른다.

유의사항

보드의 방향 전환이 잘 이루어지지 않을 때는 두 가지 방법을 시도해 볼 수 있다. 첫째, 기본자세를 점검한다. 앞발이 앞을 향하고 있으면 특히 방향 전환이 어려워진다. 두 번째 방법은 트럭을 느슨하게 푸는 것이다. 툴을 이용해 킹핀 볼트를 느슨하게 풀면 트럭이 좀 더 자유롭게 움직인다. 또한 체중이 많이 나가면 보드에 더 큰 압력이 가해지고 트럭이 더 쉽게 반응하기 때문에 방향 전환이 한결 수월해진다. 하지만 몸집이 작다고 해서 걱정할 필요는 없다. 다른 방향 전환 방법을 다음 쪽에서 알아보자.

팔을 들어 균형을 잡는 데 이용할 수 있다.

다른 방향으로 바꿀 때는 몸을 뒤로 젖히고 뒤꿈치를 이용해 보드 가장자리에 압력을 가한다.

Kick Turns
킥 턴

킥 턴은 훨씬 빠르게 방향을 바꾸는 방법으로, 램프를 오르내릴 때 선호된다. 보드 앞부분을 들어 올리고, 뒤 트럭을 중심으로 회전하면 된다. 기본 턴에 비해 균형을 유지하기가 조금 더 어렵지만, 매우 유용한 방법이다. 먼저 움직이지 않는 상태에서 방법을 익힌 다음에 차츰 이동하면서 시도해보자.

발은 기본자세로 두면서, 뒷발의 위치에 특히 주의한다. 뒷발이 테일로 내려갈수록 앞 트럭을 들어 올리고 내릴 때 조정하기가 쉽다. 다리는 구부린 채로 있어야 균형을 잡기 쉽고, 발로 보드를 올리고 내릴 수 있다. 이 동작은 몸과 보드가 함께 도는 다른 동작들과 마찬가지로 상체에서 시작한다.

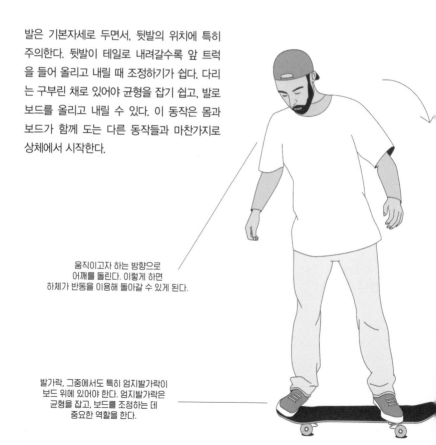

움직이고자 하는 방향으로 어깨를 돌린다. 이렇게 하면 하체가 반동을 이용해 돌아갈 수 있게 된다.

발가락, 그중에서도 특히 엄지발가락이 보드 위에 있어야 한다. 엄지발가락은 균형을 잡고, 보드를 조정하는 데 중요한 역할을 한다.

상체가 움직이기 시작하면서 하체도 동작에 돌입해야 한다. 이때 앞 트럭을 들어 올려야 하는데, 여기서 어려움을 겪는 사람들이 많고, 몸집이 작은 경우에는 더 힘들 수 있다. 이럴 때는 앞발 위치를 중심부 쪽으로 약간 더 내리는 것이 좋다.

회전하면서 앞발이 어깨를 따라 돌아가면, 앞 트럭을 다시 지면에 닿게 내린다. 이 킥 턴을 주행 중에도 할 수 있을 만큼 자신이 생길 때까지 계속 연습한다. 전면으로 도는 프런트사이드 턴이 배면으로 도는 백사이드 턴보다 약간 어렵지만, 양방향을 모두 연습해야 한다는 점도 잊지 말자.

앞발을 중심축으로 회전할 때는 뒤로 몸을 젖히지 않는다. 뒤쪽 어깨를 뒤 트럭 위에서 벗어나지 않게 유지해야 보드에서 떨어지지 않는다.

앞다리를 구부리고 뒷다리는 쭉 펴면서 앞 트럭을 들어 올린다.

주행 중에 킥 턴을 할 때는 두 턴을 조합할 필요가 있다. 하나의 킥 턴만으로는 스케이트보드에서 떨어질 위험이 있기 때문이다. 방향을 크게 바꾸고 싶으면 작은 킥 턴 동작을 여러 번 해야 할 수도 있는데, 빠르게 갈수록 필요한 각 동작은 더 작아지게 된다.

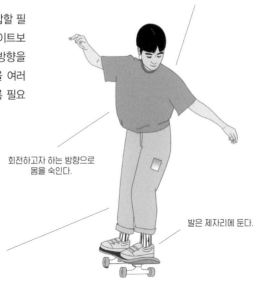

어깨를 돌리고 앞발을 들어 올린다.

회전하고자 하는 방향으로 몸을 숙인다.

발은 제자리에 둔다.

속력을 얻기 위해 밀어준다.

Rolling in
롤 인

롤 인은 램프 정상에서 휠을 굴려 아래로 내려가는 동작이다. 처음에는 뱅크에서 시도하는 것이 좋다. 뱅크의 규모와 기울기에 따라 난이도가 달라지지만, 전반적인 기법은 규모와 상관없이 같다. 평지에서 스케이트보드에 올라 있을 때는 비교적 쉽게 균형을 유지하면서 똑바로 설 수 있다. 하지만 경사지에서는 상황이 달라진다. 경사진 곳에서 보드에서 떨어지지 않고 서 있으려면 체중을 싣는 방법을 달리해야 한다.

램프로 굴러 내려가기 위한 속도를 얻는 방법은 램프 정상에 공간이 어느 정도 있는지에 따라 달라진다. 정상에 공간이 넓다면 그 공간을 최대한 활용한다. 램프 가장자리에서 떨어져 거리를 두고 푸시 오프를 하면서 기본자세로 발을 놓을 시간을 확보한다. 공간이 비좁더라도 발을 제자리에 올리고, 앞쪽 휠이 가장자리를 넘어가도록 발을 약간 움직일 수도 있다. 바닥 대신 벽이나 장애물을 밀면서 램프 아래로 내려갈 수도 있다.

뒷발을 테일에 올리고 앞발은
볼트 위에 놓아 최적의 균형을 잡는다.

평탄하지 않은 지면에서 균형을 유지하기 위해
체중을 다시 분산해 싣는다. 앞 휠이 뱅크 정상의
가장자리를 넘어가면서 보드는 굴러 내려가기
시작한다. 따라서 몸을 꼿꼿이 세운 채 서 있으면,
보드만 앞으로 휙 나가게 될 것이다. 이런 일을
피하려면 몸을 앞으로 숙여야 한다.

무릎을 구부린다.

가장자리를
넘어가기 전에
발을 준비한다.

경사지에서 평지로 들어서면 체중을 다시 한 번 분산시켜야 한다. 평지에 닿을 때 뒷다리를 굽혀 다시 똑바로 서도록 한다. 크고 가파른 램프를 내려갈 때는 양쪽 다리를 함께 구부려 충격을 흡수하고, 균형을 유지해야 한다.

유의사항

뒤 트럭이 램프 정상을 지나 갈 때 뒷다리를 구부리면 뒤 로 나동그라질 위험이 있으 므로 조심해야 한다.

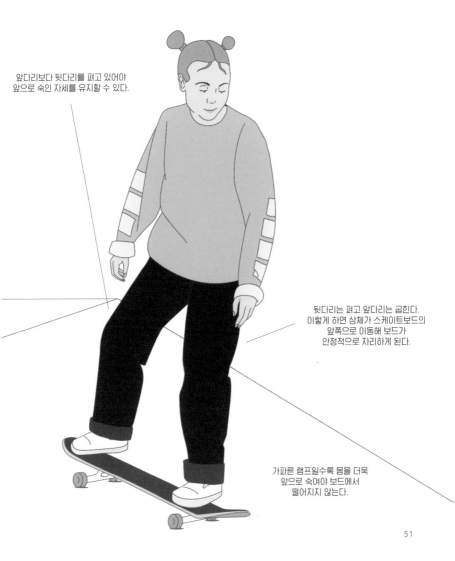

앞다리보다 뒷다리를 펴고 있어야 앞으로 숙인 자세를 유지할 수 있다.

뒷다리는 펴고 앞다리는 굽힌다. 이렇게 하면 상체가 스케이트보드의 앞쪽으로 이동해 보드가 안정적으로 자리하게 된다.

가파른 램프일수록 몸을 더욱 앞으로 숙여야 보드에서 떨어지지 않는다.

Going up a ramp
램프 오르기

램프 오르기는 내려가는 방법과 기본적으로 같지만, 반대로 하는 것이다. 하지만 올라가려는 램프에 따라서 필요한 기법이 달라진다. 우리는 조금은 간단한 뱅크에 오르는 것부터 시작해보자.

뱅크 오르기

뱅크를 내려갈 때와 마찬가지로, 균형을 유지하면서 보드에서 떨어지지 않으려면 상체를 움직이면서 무게 중심을 옮겨야 한다. 램프에 접근할 때는 무릎을 구부린 채, 발은 테일과 앞 볼트에 올라가 있어야 한다는 점을 명심하자. 앞쪽 휠이 램프 아래쪽에 다다를 때 뒷다리를 약간 구부리고 앞다리는 펴서 몸을 뒤로 젖힌다. 경사가 가파른 램프라면 뒤로 더 많이 젖혀야 한다. 이때 몸과 발 방향은 보드에서 옆을 향하도록 서 있어야 한다. 몸이 앞을 향하고 있다면 램프에서 거꾸로 내려올 때 균형 잡기가 상당히 어려울 것이다.

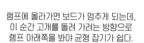

램프에 올라가면 보드가 멈추게 되는데,
이 순간 고개를 돌려 가려는 방향으로
램프 아래쪽을 봐야 균형 잡기가 쉽다.

이제 거꾸로 램프를 내려오게 된다.
경사지에서 평지로 들어서면, 다리 자세와 몸을
숙이는 자세를 고쳐서 똑바로 서도록 한다.
이때 무릎은 굽혀서 충격을 흡수한다.

뱅크와 쿼터 파이프

이번에는 다른 접근법이 필요하다. 뱅크에서는
평지에서 경사지로 들어서면서 자세를 고치면
되지만, 쿼터 파이프에서는 높이 올라갈수록
경사가 가팔라진다. 따라서 쿼터 파이프에 오
를 때는 높이 갈수록 계속해서 몸을 더 뒤로
젖혀야 한다. 쿼터 파이프 정상이 수직을 이루
는 곳에서는 몸을 90도로 젖혀야 보드에서 떨
어지지 않는다.

램프 위로 올라갈수록 무릎을 굽혀야
균형을 잡는 데 도움이 된다.

Dropping in
드롭 인

뱅크에서 내려갈 때는 곧장 굴러 내려갈 수 있지만, 코핑이 있는 쿼터 파이프에서는 트럭이 걸릴 위험이 있어서 롤 인을 하기가 더 어려워진다. 드롭 인은 쿼터 파이프를 내려가기에 가장 좋은 동작이다. 바로 롤 인을 하는 대신 보드를 램프 가장자리에 얹어놓은 다음 몸을 앞으로 숙이며 램프에서 내려가는 방법이다. 드롭 인을 배우게 되면 스케이트보딩 여정에서 큰 도약의 순간을 맞이하는 셈이다. 자신감이 붙을수록 더 큰 램프에 도전해볼 수 있다. 쿼터 파이프의 높이와 경사도가 다양하고, 경사면의 형태도 각양각색인 탓에 새로운 쿼터 파이프에서 드롭 인을 익히려면 처음부터 다시 배우는 기분이 들기도 한다.

드롭 인은 지금까지 배운 스케이트보드 기술 중에 가장 겁나는 동작일 수 있으니, 친구의 도움을 받는 것이 좋다. 친구가 손으로 팔꿈치 아래를 받쳐주고, 여러분은 친구 팔을 붙잡으면 된다. 하지만 친구 손에만 의지하면 안 된다. 친구가 여러분을 고스란히 지탱해줄 수는 없으므로, 자칫하면 둘 다 다칠 수도 있다.

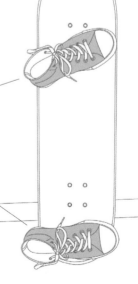

앞발은 볼트 위에 있어야 하고,
양발 모두 보드 옆을 향해야 한다.
이 자세로 발을 놓을 때는 체중을 거의
뒷다리에 실어야 한다.

보드를 코핑 위에 놓는다.
이때 뒤 트럭은 램프 모서리 위로 걸쳐지고,
휠은 코핑에 맞닿게 걸려 있어야 한다.
보드는 뒷발로 고정한다.

쿼터 파이프를 오를 때 배웠듯이 램프로 굴러 내려갈 때는 보드에서 떨어지지 않도록 무게 중심을 이동해야 한다. 램프에서 가장 가파른 지점에 있을 때는 몸을 상당히 많이 숙여야 한다. 즉 드롭 인을 할 때는 똑바로 선 상태에서 앞으로 상당히 숙이는 자세로 바꾸어야 하는 어려움이 있다. 또한 앞발에 힘을 주는 순간, 곧바로 우리 몸은 보드와 함께 램프를 내려가기 시작한다는 점도 극복해야 할 난관이다.

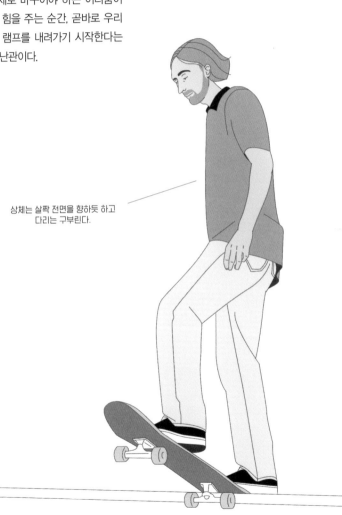

상체는 살짝 전면을 향하듯 하고 다리는 구부린다.

발과 보드는 같은 자세를 유지하고 어깨는 낮춰 보드의 앞쪽을 향해 이동한다.

램프 정상에서 자세를 잡을 때 무릎은 약간 굽힌다.

유의사항

상체가 가려는 목적지에 맞게, 시선이 스케이트보드의 노즈를 지나 지면을 향하도록 내려다보아야 한다. 그런 다음, 보드의 노즈에 더 가까운 쪽 손을 앞 트럭이 쿵 내려가기 전에 노즈 너머로 뻗는다. 이렇게 손을 보드의 노즈 너머로 뻗을 수 있다면 어깨도 필요한 위치에 자리하게 된다.

상체를 램프 쪽으로 충분히 숙였으면, 앞발을 세게 디디며 보드가 램프 아래로 내려가도록 한다.

이제 보드에 내려서는 것과 램프에서 내려가
는 것에 집중해야 한다. 앞다리를 뻗어서 앞
트럭을 램프에 세게 내려놓으면서, 양쪽 다리
는 굽혀 충격을 흡수한다. 앞으로 몸을 충분
히 숙였다면 램프에서 내려가게 된다. 혹시 뒤
로 넘어진다면, 상체를 램프 쪽으로 충분히 숙
이지 않은 탓이니 툭툭 털고 일어나 다시 시
도해보자.

Kick Turns on ramps
램프에서 킥 턴

램프를 오르내리는 데 어느 정도 자신감이 생겼다면, 도전을 시작해볼 차례다. 램프에서 페이키로 다시 내려오는 대신 방향을 바꿀 줄 안다면 무척 유용하다. 이렇게 하려면 어깨를 돌리고, 앞 트럭을 올리고, 보드에서 떨어지지 않게 무게 중심을 옮기는 세 가지 동작을 조합해야 한다.

이 동작을 조금 쉽게 하는 방법으로, 램프에 대각선으로 접근하는 것을 추천한다. 이때 몸은 램프를 등지고 있어야 한다. 백사이드 킥 턴이 프런트사이드 킥 턴보다 훨씬 쉽기 때문이다. 자신감을 얻기 위해 램프 아래쪽에서 먼저 시도해보다가, 조금 속도를 내서 위로 올라가는 방법도 좋다.

평지에서 출발할 때는 밀기를 두 번 하고 발을 보드에 올려, 램프에 올라가기 전에 발이 제자리를 잡을 시간을 충분히 확보한다. 발은 기본 킥 턴을 할 때와 같은 자세로 둔다.

램프에 다가갈 때는 보드에서 떨어지지 않도록 몸을 뒤로 젖혀야 한다. 보드가 램프에서 멈추려는 순간, 어깨를 돌리며 앞 트럭을 들어 올려 킥 턴을 시작한다. 이제 몸을 뒤로 젖힌 상태에서 앞으로 숙인 자세로 바꾸어야 한다는 점을 명심하자. 적절한 순간에 자세를 고치는 것이 매우 중요하다. 너무 일찍 자세를 바꾸면 계속해서 램프로 올라가게 되고, 방향을 완전히 바꾸기가 어려워진다. 너무 늦게 자세를 바꿨다면 이미 램프에서 다시 거꾸로 내려오기 시작했을 것이다.

램프에 대각선으로 진입하면서 킥 턴에 성공하면, 직선으로 들어가기를 시도해보자. 상체를 최대한 이용해 180도로 완전히 회전하는 것이 핵심이다. 회전하기 전에 어깨를 반대 방향으로 약간 틀어서 반동을 이용하는 방법도 있다. 더 어려운 도전을 해보고 싶다면, 프런트사이드 킥 턴을 해보자. 방향을 완전히 바꾸면 균형을 잡기가 더 어렵지만, 대각선으로 들어가기부터 시작해서 차츰 180도 킥 턴으로 발전시켜보자.

Throwing down
러닝 스타트

밀기로 시작할 때보다 더 빠른 속도가 필요할 때는 러닝 스타트를 배우면 유용하다. 계단을 오르거나 램프를 더 빠르게 내려가야 할 때, 혹은 조금 더 멋지게 출발하고 싶을 때는 러닝 스타트가 제격이다. 이 기술에는 보드를 손에 들고 달리면서 속도를 올리는 동작, 바닥에 보드를 던져놓고 올라타는 동작이 필요하다.

시작할 때는 보드를 잡는 손의 방향이 맞아야 한다. 레귤러라면 왼손으로, 구피라면 오른손으로 잡는다. 걸음 수는 원하는 속도에 따라 달라지지만, 처음에는 짧은 거리를 가볍게 천천히 달리는 것을 추천한다.

그립테이프가 있는 면에 엄지손가락을,
노즈 아래쪽에 나머지 네 손가락을 대고
보드를 쥔 채 몸에서 조금 앞쪽으로 둔다.

원하는 걸음 수만큼 갔으면 보드를 놓아야 한다. 이때 보드가 바닥에 반듯하게 놓여야 하므로, 손을 앞으로 약간 뻗으면서 보드를 놓는다. 또한 앞발을 곧바로 올려놓을 수 있도록 적절한 시점에 맞춰 보드를 내려놓아야 한다. 이렇게 하려면 뒷발이 앞에 와 있을 때 보드를 놓으면서 앞발을 보드에 올려야 한다.

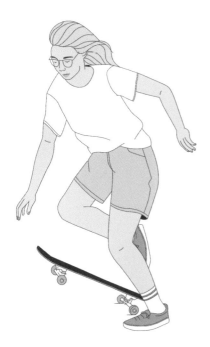

보드를 놓을 때는 시선을 보드를 향하게 하고, 뒷발을 보드에 올려놓기 전에 앞발을 볼트에 놓도록 한다. 보드에 올라타는 동작이 가장 어려운 부분이므로, 처음에는 보드를 바닥에 던져놓고 조금 굴러가도록 두었다가 올라타는 방법으로 시작한다. 곧바로 올라탈 수 있을 때까지 차츰 시간을 줄여가며 연습한다.

Tricks
트릭

인스타그램이나 유튜브만 찾아보아도 거의 제정신이 아닌 듯한 엄청난 트릭을 하는 스케이트보딩 영상들이 수없이 많다. 이런 영상을 보면 당장 보드에 뛰어올라 새로운 것을 시도해보고 싶다는 마음이 들 수도 있지만, 내가 원하는 만큼 잘 타는 것은 절대로 불가능할 것 같다는 좌절감이 들기도 한다. 어느 쪽이든, 그런 트릭들이 성공하기까지는 수백 번씩 엉덩방아를 찧어가며 헤아릴 수 없이 많은 실패를 거듭했을 것이고, 그보다 더 단순한 트릭들을 충분히 익힌 다음에 높은 수준에 이르렀으리라는 사실을 이해하는 것이 중요하다.

최고의 스케이터에 조금이라도 가까워지려면 기초부터 시작해서 기본기를 완벽하게 익힐 때까지 연습하고, 그다음 조금 더 어려운 단계로 넘어가는 방법밖에 없다. 스케이트보드와 평평한 바닥, 굳은 의지만 있다면 충분하다. 보드에 올라서고, 밀고, 회전하는 것이 익숙해졌다면, 다음은 여러분의 스케이팅 실력을 한 단계 높여줄 트릭들을 배울 차례다.

처음에는 가만히 선 상태에서 트릭을 연습하고, 그 이후에는 주행하면서 시도해본다. 포기하지 않고 꾸준히 연습하다 보면 결국은 성공하게 될 것이다. 처음에는 어설프게 떨어지더라도 걱정하지 말자. 대개 발이 바닥에 닿지 않고 보드와 함께 굴러가면 성공으로 인정된다. 참고로 말하자면, 발이 볼트 위에 떨어졌을 때 깔끔한 착지라고 생각한다. 점점 자신이 생기면서 계단을 내려가거나 매우 가파른 곳에서 여기 소개하는 트릭들을 시도하기 시작한다면, 볼트에 착지하는 것이 데크를 부러뜨릴 위험을 줄이는 방법이라는 점에 유념할 필요가 있다. 망가진 보드를 들고 집에 돌아가는 것보다 나쁜 일은 없다. 이제 잔소리는 그만하고, 여러분의 트릭 실력을 키워보자!

다음은 여러분이 트릭의 세계에 입문하는 데 도움이 되는 트릭들이다. 평지와 레일, 렛지, 경사지에서 할 수 있는 다양한 트릭이 있으니, 마음껏 연습해보자.

히피 점프 **68**	보디 베리얼 **72**	매뉴얼 **76**
팬케이크 플립 **80**	알리 **84**	백사이드 팝 셔브-잇 **88**
프런트사이드 셔브-잇 **92**	프런트사이드 180 **96**	백사이드 180 **100**

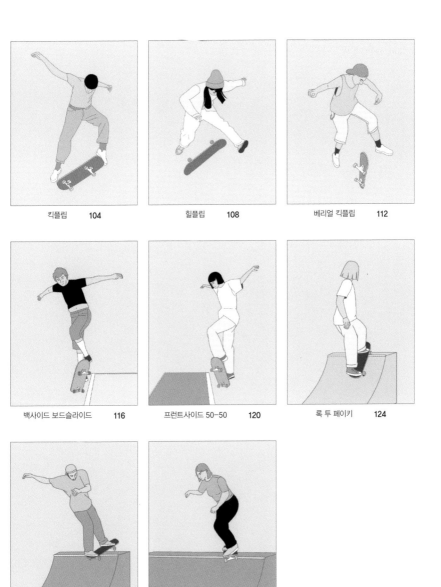

킥플립　　104　　　　힐플립　　108　　　　베리얼 킥플립　　112

백사이드 보드슬라이드　　116　　　프런트사이드 50-50　　120　　　록 투 페이키　　124

로큰롤　　130　　　　액슬 스톨　　134

발 위치 잡기

양발이 각각 볼트 위에 있어야 점프할
때 보드가 튀어 오르지 않는다.

히피 점프

보드가 계속해서 바닥에서 굴러가는 동안, 스케이터가 스케이트보드에서 공중으로 뛰어올랐다가 다시 보드에 착지하는 기술이다. 스케이터가 기물을 뛰어넘는 동안 보드가 기물 아래를 지나가는 것이 진정한 히피 점프라고 주장하는 사람들도 있다. 하지만 어려운 기술은 먼저 장애물 없이 연습하다가 자신감을 얻은 후에 시도하는 것을 권장한다.

Hippy jumps
히피 점프

1. 바닥에서 뛰어오를 때와 같은 동작이다. 무릎을 구부리고 팔은 준비 자세를 취한다. 장애물을 넘는 히피 점프를 하려면 앞으로 뛰지 않고, 위로 뛰어야 한다는 것을 명심하자. 앞으로 뛰면 보드가 뒤로 밀리게 된다.

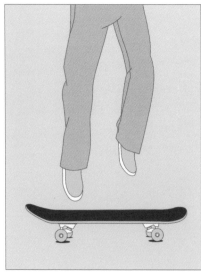

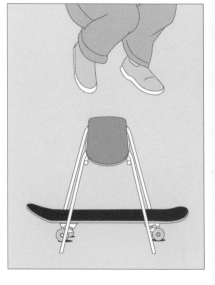

2. 다리를 쭉 펴고 발가락을 차면서 최대한 높이 뛰어오른다. 조금 더 높이 오르기 위해 팔도 위로 뻗어 올린다.

3. 장애물을 넘으려면 이 순서가 중요하다. 무릎을 가슴까지 끌어올려 발이 최대한 높이 올라오도록 한다.

유의사항

장애물이 발에 걸리더라도 방해가 되지 않도록 쉽게 치워질 만한 것으로 연습한다. 나무 조각을 쌓아놓거나, 친구가 양쪽에서 줄을 잡아주어도 좋다.

히피 점프로 장애물을 넘을 때는 빠르게 갈수록 쉽게 성공할 수 있다. 속도가 느리면 장애물을 넘어가는 데 시간이 더 걸리기 때문이다. 속도가 빠를 때는 높이 뛰어오르기만 하면 장애물을 쉽게 넘어갈 수 있다.

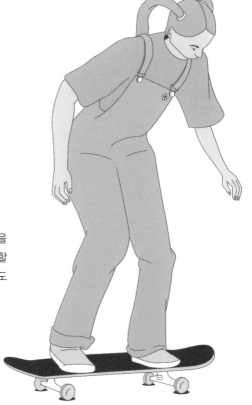

4. 다시 보드를 내려다보고 볼트에 발을 내려놓는 것을 목표로 착지한다. 착지할 때는 충격을 줄이고, 균형을 잃지 않도록 무릎을 구부린다.

발 위치 잡기

푸시를 마치고 주행이 시작된 후에는
발을 볼트 위에 올려놓는다.

Body varial

보디 베리얼

이 트릭은 히피 점프를 한 단계 더 발전시킨 기술이다. 앞에서 배운 트릭과 마찬가지로 보드가 바닥에서 굴러가는 동안 스케이터가 뛰어오르는 트릭이지만, 이번에는 공중에서 180도 회전을 해야 한다. 이 트릭은 상당히 유용하게 쓰일 수 있다. 예를 들어 램프에 올라갔다가 페이키로 내려오게 되면, 재빨리 보디 베리얼을 해서 방향을 바로잡을 수 있다. 충분히 자신감이 생기면 장애물을 두고 하거나 램프에서 시도해보아도 좋다.

Body varial
보디 베리얼

유의사항

먼저 반만 회전하면서 뛰어올랐다가, 보드 한쪽 옆 바닥에 착지한 후 다시 보드에 올라타는 방법으로 180도 회전을 만들 수도 있다.

프런트사이드로 회전해야 회전할 때 어디로 향하는지 볼 수 있다. 백사이드 히피 점프는 좀 더 어려울 수 있다.

이 트릭에서 가장 어려운 부분은 다시 보드에 착지하는 동작이다. 뛰어오르기 전에 먼저 어깨를 최대한 회전시킨 상태에서 시작해보자. 이렇게 하면 회전보다 착지에 집중할 수 있다.

1. 주행하면서 무릎을 구부려 공중으로 뛰어오를 준비를 한다. 이때부터 어깨는 회전을 시작해야 한다.

2. 뛰어오를 때, 어깨는 이미 90도 정도 돌아가 있어서 몸이 전면을 향해야 한다. 어깨를 빨리 돌릴수록 180도 회전이 쉬워진다.

3. 가장 높은 곳까지 올라갔을 때는 다리도 어깨와 같은 정도로 돌아가 있어야 한다. 이 지점부터는 몸 전체가 함께 회전하게 된다.

4. 다시 내려오기 시작할 때는 시선을 보드로 향하고 볼트에 착지할 준비를 한다. 보드에 양발을 동시에 착지하도록 노력하고, 균형을 잡기 위해 무릎을 굽히는 것도 잊지 않는다.

발 위치 잡기

뒷발은 테일에 놓고 발가락 아래 동그
란 부분이 보드의 가운데에 오게 위치
를 잡는다. 앞발은 볼트에 올린다.

Manual

매뉴얼

매뉴얼은 스케이트보드의 뒤쪽 휠 2개로만 균형을 잡는 동작이다. 처음에는 가만히 선 상태에서 무언가를 붙잡고 연습하거나, 착지할 때 충격이 덜한 풀밭이나 카펫에서 시도해볼 수 있다. 간단한 트릭처럼 보이지만 긴 거리를 가는 동안 유지하기는 쉽지 않다. 다른 트릭에서 매뉴얼로 이어지거나 매뉴얼에서 다른 트릭으로 이어지는 기술을 구사하는 스케이터들도 있지만, 이는 수년 동안의 연습이 필요하다. 기본 매뉴얼에 숙달되면 널리에서 노즈 매뉴얼을 하거나 스위치로 시도해볼 수 있다.

Manual
매뉴얼

유의사항

속도가 빠르면 균형을 유지하기 쉽고 단 시간에 더 멀리까지 갈 수 있다.

줄타기하는 곡예사처럼 팔을 허공으로 뻗어 균형을 잡는 데 이용한다.

연습할 때는 인도의 틈이나 바닥의 흔적을 활용해 얼마나 멀리까지 매뉴얼을 유지했는지 확인해볼 수 있다. 개인 기록을 세우고 경신해보자. 친구들과 작은 시합을 벌여도 좋다.

1. 앞발이 테일에 가까울수록 앞 트럭을 올리기가 쉽지만 균형을 잡기는 힘들어진다. 자신에게 맞는 위치를 스스로 찾아야 한다. 몸집이 작다면 앞 트럭을 올리가가 더 버거울 수 있지만, 발 위치를 바꾸면 트릭이 조금 쉬워질 수 있다.

2. 발 위치를 잡았으면 뒷발에 체중을 싣고 다리를 구부려 앞발을 올린다. 한 다리로 서 있는 것과 비슷하다. 몸은 보드에서 벗어나지 않게 주의한다. 몸을 너무 뒤로 젖히면 뒤로 넘어질 수 있다. 무게 중심은 뒤 트럭 위에 있어야 한다. 매뉴얼을 유지하려면 무게 중심을 뒤 트럭에 두면서 몸을 앞뒤로 젖히며 숙이는 정도를 계속 조절해야 한다.

3. 매뉴얼을 마치려면, 체중을 실었던 뒷발에 힘을 빼고 앞발을 낮춰 앞 휠을 다시 바닥에 내린다. 일부러 멈추지 않아도, 앞 트럭이 저절로 바닥에 떨어져 매뉴얼이 끝나는 경우가 대부분이다. 매뉴얼을 하는 중에 테일이 바닥에 닿으면 대개 트릭이 실패한 것으로 여긴다는 점을 알아두자.

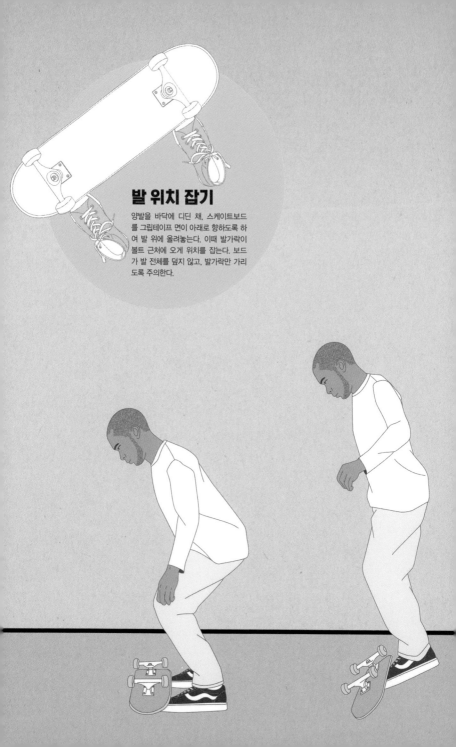

발 위치 잡기

양발을 바닥에 디딘 채, 스케이트보드를 그립테이프 면이 아래로 향하도록 하여 발 위에 올려놓는다. 이때 발가락이 볼트 근처에 오게 위치를 잡는다. 보드가 발 전체를 덮지 않고, 발가락만 가리도록 주의한다.

Pancake flip

팬케이크 플립

스케이트보드에 올라탄 채로 하는 플립 트릭들은 배우기 어려우므로, 플립을 시작하기에는 팬케이크 플립이 적절하다. 이 트릭은 바닥에 서서 보드를 발에 올려놓고 하는 기술로 주행 중에는 하지 못한다. 여기서는 보드가 반 바퀴만 뒤집히지만, 어느 정도 숙달되면 보드의 휠이 아래로 향하게 두고 시작해 한 바퀴를 돌려볼 수도 있다.

Pancake flip
팬케이크
플립

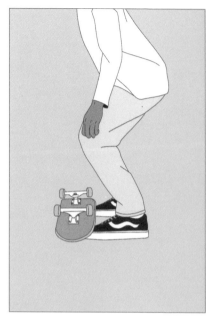

1. 뒤로 나동그라질 수 있으므로 벽에 머리를 부딪히지 않도록 한적한 장소에서 연습한다. 먼저 발과 보드의 위치를 잡는다. 무릎을 굽히고 앞을 향해 살짝 뛰어오르면서 발가락을 스케이트보드의 가장자리에 걸어 휠이 위로 향하도록 뒤집는다.

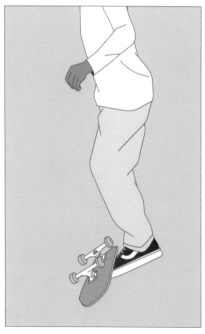

유의사항

자신감을 쌓기 위해 한 발로 뒤집기부터 시작해도 좋다. 한 발로 보드를 뒤집고, 뒤집힌 보드에 한 발을 올려놓는 데 성공하면 두 발로 뛰어올라 두 발로 착지하기를 시도해보자.

조금 더 어려운 과제에 도전해보려면, 휠이 바닥을 향하게 두고 시작해 보드를 한 바퀴 완전히 돌려놓은 뒤에 보드에 올라타도 좋다.

2. 뛰어올라 공중에 있는 사이에 보드의 볼트에 착지할 수 있도록 시선을 볼트로 향한다. 뒤집힌 보드가 착지하기에 적당하게 반듯이 떨어지게 하려면 여러 차례 시도해야 할 것이다. 보드와 몸은 처음 시작한 위치보다 더 앞쪽으로 떨어진다는 점을 잊지 말자.

발 위치 잡기

뒷발은 테일에, 앞발은 볼트와 보드의
중심 사이에 두어야 한다. 양발의 발가
락 아래 동그란 부분이 보드 가운데에
나란히 올라오게 한다. 발가락이 보드
가장자리를 넘어가지 않도록 한다.

Ollie

알리

알리는 거의 모든 플립과 그라인드 기술의 토대가 되는 중요한 트릭이다. 스케이트보드에서 하는 다른 기술들과 마찬가지로 제대로 익히려면 수많은 연습을 거쳐야 한다. 이 트릭은 몇 가지 동작을 조합한 것으로, 어렵게 느껴진다면 각 동작을 하나씩 단계별로 연습해보자. 어느 한 부분이 잘못되면 나머지도 어려워진다. 각 단계는 먼저 제자리에서 연습한 후에 주행하면서 시도해보도록 한다.

알리

유의사항

몸을 똑바로 유지하지 않으면 보드가 돌아가서 착지가 더 어려워진다.

몸이 테일을 넘어서도록 젖히거나, 보드에서 벗어나지 않게 한다. 발을 위로 끌어올릴 때 보드가 계속 앞으로 날아간다면, 바로 이 점이 원인일 것이다.

1. 알리는 보드의 테일로 바닥을 치면서 이루어지는 동작이다. 이것을 팝pop이라고 한다. 팝을 하려면 무릎을 굽히고, 한 발로 깡충 뛰듯이 뒷발로 뛰어올라야 한다. 이때 발가락 아래 둥근 부분으로 뛰어올라야 높이 떠오를 수 있다. 실제로 바닥에 서서 발바닥 전체로 뛰어보면 높이 뜨지 않는다. 발과 테일이 함께 바닥을 치면 보드가 튀어 오르지 않으므로 주의한다.

2. 팝에 성공해서, 보드가 튀어 오르면 다른 발을 생각할 차례다. 첫 단계에서 보드가 그림처럼 사선으로 뜬다는 사실을 눈치 챘을 것이다. 이제 앞발을 이용해 보드를 수평으로 만들어 주어야 한다. 보드가 공중으로 튀어 올랐을 때 앞발을 중앙에서 노즈 쪽으로 밀어 올린다. 이때 발이 보드 가운데를 따라가지 않고, 가장자리로 쏠리면 보드가 돌아가게 되니 주의한다.

3. 보드가 공중에서 수평을 이루면 착지를 준비한다. 몸이 보드에서 벗어나지 않도록 유지하면서 양쪽 발이 데크 위에 서로 넓은 간격을 두고 판판하게 놓이도록 바로 잡는다.

4. 착지할 때는 충격을 줄이고 균형을 잃지 않도록 무릎을 약간 구부린다.

발 위치 잡기

뒷발은 발가락이 약간 앞으로 넘어가도록 올려놓아 보드를 회전시킬 준비를 한다. 앞발은 알리 자세보다 약간 더 비스듬하게 돌려놓는다.

백사이드 팝 셔브-잇(셔빗)

백사이드 셔브-잇과 프런트사이드 셔브-잇은 점프와 함께 보드를 180도 회전시키는 동작으로 이루어진다. 이 트릭의 핵심은 뒷발로 보드를 회전시키는 동작이다. 처음에는 보드를 180도까지 돌리는 것이 어렵게 느껴질 수 있지만, 그 정도는 괜찮다. 사실 가장 힘든 부분은 보드에 착지하는 동작이다. 그러니 용감하게 공중에 뛰어올라서 양발을 다시 보드에 올려놓기를 시도할 수 있다면, 제대로 하고 있는 것이다.

Backside Pop Shove-it(Shuvit)
백사이드 팝 셔브-잇(셔빗)

1. 트릭 동작 전체를 시도하기 전에 먼저 스쿱scoop 동작을 숙달하는 것이 중요하다. 이는 몸 뒤쪽에서 테일을 끌어오면서 팝으로 보드를 띄워 보드를 회전시키는 데 필요한 움직임을 만드는 것이다. 이 동작은 앞발을 지면에 두고 뒷발은 테일에 둔 채 연습해볼 수 있다. 이때 보드를 완전히 회전시켰으면 뒷발을 보드에 올려야 한다는 것을 잊지 말자. 알리 트릭과 마찬가지로 발가락 아래 동그란 부분을 이용하지만 발의 위치는 더 앞으로 가야 한다. 이 연습을 완벽히 마치면 양발을 모두 보드에 올릴 준비가 된 것이다.

유의사항

처음에는 보드가 몸보다 조금 더 앞쪽으로 떨어지도록 회전시키는 것이 더 쉬울 수 있다. 보드를 조금 덜 띄우고, 몸은 조금 더 앞으로 점프해 보드에 착지하는 방법이다.

풀밭이나 카펫에서 연습해서 자신감을 쌓은 후에 단단한 바닥에서 시도하면 좋다.

주된 동작은 뒷발로 하더라도 앞발을 이용해 보드의 회전을 유도할 수 있다.

2. 이제 뒷발 동작은 준비됐으니, 앞발을 보드에 올려보자. 앞발은 데크의 중심 가까이에 올리고 뒷발은 1번과 같은 위치에 올린다. 무릎을 구부리고, 앞발을 들어 올리면서 뒷발로 뛰어 앞서 연습한 스쿱 동작을 한다. 이때 뒤로 몸을 젖히면 보드가 몸에서 멀어지므로 주의한다.

3. 뛰어올라 스쿱을 했으면 뒷발을 제자리에 올려야 한다. 앞발을 올려 뒷발과 나란히 하여 튀어 오르는 보드를 잡을 준비를 한다. 양발을 모두 수평으로 두어야 보드가 자리를 벗어나지 않는다.

4. 발로 보드를 잡아서 내려오기 시작하면 무릎을 구부려 착지할 때의 충격에 대비한다. 처음에는 회전한 보드에 발을 올려놓기가 어렵다. 따라서 보드가 어디에 떨어질지 생각하고 볼트 자리를 겨냥해야 한다.

발 위치 잡기

백사이드 팝 셔브-잇과 비슷하지만, 여기서는 앞발은 조금 앞으로 나가 고 뒷발은 조금 뒤로 뺀다. 뒷발의 발꿈치는 보드 가장자리 밖으로 나 와야 한다.

Frontside Pop shove-it

프런트사이드 팝 셔브-잇

백사이드 팝 셔브-잇(88쪽 참조)과 같은 트릭이지만, 보드가 반대쪽으로 돈다는 차이점이 있다. 일반적으로 백사이드 방법을 먼저 배운 후에 프런트사이드를 배우지만, 프런트사이드를 더 쉽게 느끼는 사람들도 있다. 여러분은 어느 쪽인지 알아보자.

Frontside Pop Shove-it
프런트사이드 팝 셔브-잇

유의사항

프런트사이드 팝 셔브-잇을 배울 때 가장 중요한 점은 보드가 몸보다 약간 뒤에 온다는 사실을 예상하고 시작한 다음 뒤로 점프해 보드에 발을 올리는 것이다. 처음에는 보드를 발에서 바로 위쪽으로 띄우기가 상당히 어렵다.

트럭이나 휠이 달리지 않은 낡은 데크를 활용해 카펫에서 연습해보자. 스쿱 동작을 익히고 팝을 했을 때 보드가 어디로 갈지 파악하는 데 도움이 된다.

1. 뒷발의 뒤꿈치는 보드 가장자리 밖으로 빠져 있어야 한다. 뒷발에서 발바닥 앞부분을 이용해서 팝 동작을 하기 때문이다. 처음에는 앞발을 바닥에 둔 채 팝 동작을 연습한다. 뒷발을 밀어내듯 차면서 보드를 공중에 띄워 180도 회전시킨다. 보드에 정강이가 부딪치지 않도록 주의하고 뒷발은 다시 테일에 올려놓도록 한다.

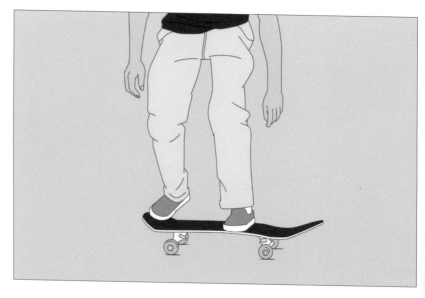

2. 배운 동작들을 적용해보자. 이번 단계에서는 앞발을 보드의 제 위치에 올리고, 무릎을 구부려 양발 뒤꿈치로 점프할 준비를 한다. 뒷발로 뛰어오르면서 앞발을 들어 올리고, 팝으로 테일을 밀어내듯 차면서 보드를 공중에 띄워 회전시킨다.

3. 보드가 회전하면서 떠오르면 앞발로 잡아야 한다. 또한 뒷발은 보드 제자리에 올려놓아야 한다. 보드에 제때 발을 올려놓을 수 있다면 양발을 동시에 올리며 보드를 잡을 수 있다.

4. 보드가 양발 아래로 오면 착지할 때 받을 충격에 대비한다. 휠이 바닥에 닿으면 무릎을 굽혀 균형을 유지하면서 주행한다.

발 위치 잡기

알리와 비슷한 위치에서 앞발은 조금
앞으로 나가고 뒷발은 조금 뒤로 뺀다.

Frontside 180
프런트사이드 180

180 트릭들은 몸과 보드가 반 바퀴 회전하는 기술이다. 킥 턴이나 몸이 회전하는 다른 트릭들과 마찬가지로 이 기술 역시 어깨에서 시작한다. 180 트릭은 다른 여러 트릭의 기초가 되고, 보기에도 멋진 기술이므로 알아두면 좋다. 프런트사이드 180은 앞을 보면서 동작을 할 수 있기 때문에 백사이드 180보다 약간 쉽게 느껴진다.

Frontside 180
프런트사이드 180

유의사항

인도 가장자리 연석처럼 낮은 곳에서 연습해본다. 가장자리를 따라 주행하다가 연석에서 내려올 때 회전하면 바닥에 보드가 닿기 전까지 회전할 시간을 더 벌 수 있다.

180 트릭도 팝 셔브–잇을 배울 때와 같은 방법으로 연습할 수 있다. 처음에는 앞발을 바닥에 둔 채 뒷발과 어깨 동작만 먼저 해본다.

1. 이 트릭은 반동을 최대한 이용해야 한다. 먼저 회전하려는 방향의 반대쪽으로 어깨를 약간 틀어준다. 그리고 준비가 되면 회전 방향으로 빠르게 어깨를 돌린다.

2. 상체가 (이동하는 방향으로) 반 바퀴 돌아가면, 다리도 동작을 개시해야 한다. 이때 움직임은 프런트사이드 팝 셔브-잇과 비슷하다. 앞발을 들어 올릴 때 뒷발은 팝으로 테일을 바닥에 치면서, 뒷다리로 뛰어올라 보드를 180도 돌린다.

3. 이제 다리는 상체를 따라잡으며 돌아야 한다. 뒷발로 보드를 돌릴 때 앞발도 데크 반대쪽 끝이 함께 돌아가도록 유도할 수 있다. 착지할 무렵에는 상체와 하체가 나란히 정렬되어야 한다. 혹은 상체가 하체보다 더 많이 회전했을 수도 있다.

4. 몸과 보드가 180도 회전했으면 다시 바닥으로 내려오게 된다. 시작한 자리보다 조금 뒤로 착지하는 경우가 많지만, 문제가 되지 않는다. 보드에서 떨어지지만 않는다면 성공이다!

발 위치 잡기

우선 알리와 비슷한 위치에 발을 둔
다. 앞발은 보드 중심과 볼트 사이에
놓고, 뒷발은 테일에 놓는다. 여기서
앞발을 조금 뒤로 빼고, 뒷발은 조금
앞으로 민다.

백사이드 180

백사이드 180은 프런트사이드 180과 같지만, 반대 방향으로 회전한다. 진행 방향을 등지고 몸을 돌리기 때문에 조금 어려울 수도 있지만, 꼭 정확하게 움직여야 하는 것은 아니라는 점을 염두에 두면 좋다. 게다가 180도를 완벽하게 돌지 못했다고 해도, 나머지는 바닥에서 휠로 돌 수 있다.

Backside 180
백사이드 180

유의사항

180 트릭을 할 때 보드에서 발이 계속 미끄러진다면 시작할 때 발 위치를 잘못 잡았기 때문일 수도 있다. 회전할 때 발이 보드에서 조금 미끄러진다는 점을 고려해 발 위치를 조절해보자.

나무나 유광 콘크리트 바닥처럼 매끄러운 표면은 팝을 하지 않고 회전 동작을 연습하기에 좋다. 앞발을 들어 올린 채 팔과 어깨만을 이용해 보드와 하체를 180도 돌릴 수 있는지 시도해보자. 이 동작에 성공하면, 여기에 팝만 추가하면 된다. 이 움직임은 파워슬라이드와 비슷하다(44쪽 참조).

1. 프런트사이드 180을 할 때와 마찬가지로 반동을 최대한 이용해 회전해야 한다. 시작할 때는 어깨를 회전하려는 방향과 반대쪽에서 앞으로 살짝 비튼다.

2. 팔과 어깨를 이용해 상체를 돌리기 시작한다. 반 바퀴 정도 돌았을 때, 몸은 진행 방향의 반대쪽을 향한 채 하체도 동작을 개시한다. 몸이 회전하는 동안, 다리로 알리 동작을 시작한다. 앞다리는 들어 올리고, 뒷다리로는 팝과 점프를 한다. 알리와는 다르게 뒷발은 몸 뒤쪽에서 아래로 내려야 한다. 이렇게 하면 백사이드 팝 셔브–잇처럼 보드가 돌아가게 된다.

3. 팝을 찬 순간, 발로 보드를 회전시켜 몸과 함께 돌아가게 한다. 앞발로 보드 한쪽 끝을 조정하는 사이 뒷발은 계속해서 돌아간다. 이때 몸이 보드에서 벗어나지 않도록 주의한다. 몸을 너무 많이 숙이거나 젖히면 보드가 멀어지게 된다. 최고 높이에 이르면 어깨와 다리가 나란히 와야 한다. 혹은 다리가 상체보다 더 많이 회전했을 수도 있다.

4. 시작한 위치보다 조금 더 앞쪽을 겨냥해 착지하면 좀 더 쉽게 트릭을 익힐 수 있다. 착지할 때는 무릎을 구부려 균형을 잡을 수 있도록 한다. 보드에서 떨어지지 않으려면 발과 어깨 위치를 조정해야 할 수도 있다.

발 위치 잡기

발 위치를 이리저리 바꾸어 볼 수도 있다. 하지만 처음에는 뒷발을 알리와 같은 위치에 둔 채, 앞발은 플립 동작을 위해 약간 비스듬히 돌려 발꿈치가 보드 밖으로 나오게 하면서 시작해보자.

Kickflip
킥플립

스케이트보딩에 관심이 없는 사람들에게도 잘 알려진 두 가지 사실이 있다. 첫째, 토니 호크는 스케이트보더라는 것과 둘째, 킥플립은 스케이트보드 트릭이라는 것이다. 스케이트보드를 팔에 끼고 한참 돌아다니다 보면, 분명 킥플립을 해보라고 외치는 사람이 있을 것이다. 하지만 킥플립은 쉽게 배울 수 있는 기술이 아니다. 몇 달 혹은 몇 년이 걸린다고 해도 전혀 이상하지 않다. 이 트릭은 알리를 하면서, 앞발의 발가락을 이용해 보드를 뒤집어 다시 보드에 서는 기술이다. 익히는 데 시간은 걸리겠지만, 첫 킥플립에 성공한 기분은 그 무엇과도 비교할 수 없다.

Kickflip
킥플립

유의사항

보드에 착지할 수 없을 만큼 보드가 몸에서 멀리 떨어진다면 몸을 지나치게 뒤로 젖히는 것이 원인일 수 있다. 어깨가 보드 중앙에서 벗어나지 않도록 하면 이런 일을 방지할 수 있다. 마찬가지로 몸을 지나치게 앞으로 숙이면 앞발을 보드에 올리기가 어려워진다.

킥 동작은 다리를 차는 것만큼이나 발놀림도 중요하다. 다리를 멀리 찰수록 돌아오는 거리도 길어지니, 발을 재빨리 움직이는 동작에서 얻는 힘을 최대한 활용한다.

1. 시작은 알리와 같다. 무릎을 굽히고, 앞발을 들면서 보드를 팝하고 뒷발로 뛰어오른다. 점프/킥 동작을 연습하고 앞발만 보드에 올리며 착지해본다. 앞발을 보드에 올리는 것이 가장 어렵게 느껴진다면 발을 찰 때 아래를 향하는 것이 원인일 수 있다. 아래를 향하지 말고 앞을 향해 차도록 해본다. 앞발을 보드에 올리는 데 성공하면, 양발을 동시에 올리도록 시도해본다. 좀 더 높이 뛰어오르면서 뒷다리를 들어 올려야 할 것이다.

2. 뛰어오르면서 보드를 뒤집어야 한다. 알리를 할 때는 앞발을 똑바로 밀어 올리지만, 킥플립을 할 때는 보드 바깥까지 밀어내야 한다. 신발의 가운뎃발가락 부분을 이용해 노즈 끝과 보드 가장자리 사이에서 노즈를 쳐낸다.

3. 이제 양발을 보드에 올릴 준비를 한다. 무릎을 구부려 뒷발을 보드 위로 들어 올린다. 노즈를 쳐낸 앞발을 다시 보드의 앞쪽 볼트 위로 가져온다.

4. 보드의 볼트 위로 양발이 모두 올라왔으면 가장 힘든 부분은 끝났고, 보드에 발을 올린 채 그대로 바닥에 착지하면 된다. 충격에 대비해 무릎을 굽히고, 꽉 쥔 주먹을 의기양양하게 허공에 치켜들자.

발 위치 잡기

앞발은 볼트와 보드 중심 사이에 놓고
발가락이 보드 밖으로 나가도록 앞으
로 민다. 뒷발은 알리와 같은 위치 또
는 조금 더 뒤에 놓는다.

Heelflip

힐플립

힐플립은 킥플립보다 인기가 덜한 자매 기술로, 어느 쪽이 더 어렵고 더 쉬운지는 개인적인 경험에 달려 있다. 킥플립과는 반대 방향으로 보드를 뒤집어야 하는데, 몸에서 가까운 쪽 가장자리가 먼 쪽의 보드 가장자리를 차야 한다. 힐플립으로 불리기는 하지만, 사실상 보드를 뒤집는 동작은 새끼발가락 주변의 발날로 한다.

Heelflip
힐플립

1. 알리와 마찬가지로, 앞발을 들어 올리고 뒷다리로 팝과 점프를 한다. 팝과 점프를 하면서 이미 발을 보드 밖으로 밀어내기 시작해야 한다는 점에 주의한다. 각 동작을 언제 하는 것이 좋은지 파악하려면 어느 정도 연습이 필요하다.

2. 뛰어오르면서 앞발을 보드 밖으로 밀어낸다. 다리를 뻗어 발날로 노즈를 긁으면서 보드를 뒤집는다. 이때 노즈의 끝과 데크 바깥쪽 직선 가장자리 끝 사이를 겨냥한다.

3. 보드가 회전하기 시작하면 보드를 잡을 수 있도록 발 위치를 잡는다. 뒷발은 들어 올려 보드 뒤 트럭 위로 가져온다. 앞발은 더 멀리 나가 있으므로, 앞발을 보드 앞쪽 볼트 위로 가져오기가 더 어려울 것이다. 보드가 높이 뜨면 양 무릎을 상당히 많이 들어 올려야 한다.

4. 양발을 모두 앞뒤 볼트 위로 가져왔으면 보드를 잡아 바닥에 착지할 수 있다. 착지하면서 충격을 줄이고, 균형을 잡기 쉽게 무릎을 구부린다. 발이 완벽하게 제자리에 오지 않을 때도 있다. 따라서 보드에서 떨어지지 않고, 발을 고칠 시간을 벌기 위해 자세를 적절히 조정해야 할 수도 있다.

유의사항

킥플립과 마찬가지로, 힐플립에서 가장 어려운 부분은 앞발을 보드에 올리는 것이다. 이렇게 하려면 앞발을 보드에 올리려고 시도하면서 팝과 점프, 플립을 연습해본다. 이때 뒷발은 바닥에 내려놓는다. 앞발을 보드에 올리는 데 꾸준히 성공하면 다시 두 발을 올리는 연습을 한다.

발 위치 잡기

뒷발은 백사이드 팝 셔브-잇과 같은 위치에 둔다. 테일에서 앞으로 더 나아가 스쿱 동작을 하기 좋은 위치를 잡는다. 앞발은 킥플립과 비슷한 위치에 있어야 한다. 바깥쪽을 향해 사선으로 놓으면서 보드 안으로 조금 더 들어간다.

Varial kickflip

베리얼 킥플립

보드를 뒤집으면서 회전시키는 동작을 조합하는 트릭을 처음으로 배워보자. 간단히 말하자면, 이 트릭은 백사이드 팝 셔브-잇과 킥플립을 동시에 구사하는 기술이다. 비록 킥플립을 익히기 전에 먼저 베리얼 킥플립을 하게 된다고는 하지만, 어쨌든 백사이드 팝 셔브-잇과 킥플립을 습득했다면 큰 도움이 될 것이다. 몽고와 함께 이 트릭 역시 스케이트보딩에서 무시당하곤 하는 기술이다. 이 트릭이 보기에 썩 좋지 않다고 생각하는 사람들도 있다. 하지만 보드를 띄우고 잡는 동작이 잘 이루어지면 인정받을 만하다고 말하는 사람들도 있다. 어느 쪽이 됐든 베리얼 킥플립은 다른 트릭으로 나아가는 문을 열어주는 역할을 하므로, 배워두면 좋은 기술이다.

Varial kickflip
베리얼
킥플립

유의사항

킥플립과 팝 셔브–잇을 조합한 기술이긴 하지만, 앞발은 알리를 할 때처럼 똑바로 가게 된다. 보드를 돌리기 위해 앞발을 뻗는 시점에는 보드가 이미 회전한 상태이기 때문이다. 보드를 돌리는 데 어려움을 겪는다면, 발을 보드에서 조금 아래로 내려 시작해본다.

1. 보드를 회전시키는 다른 트릭과 마찬가지로, 보드의 움직임에 맞춰 뛰어오르는 위치를 조정해야 할 수도 있다. 베리얼 플립을 할 때는 보드가 앞으로 약간 이동할 수 있다. 따라서 볼트에 착지하려면 몸도 앞으로 이동해야 한다. 이제 무릎을 굽히고, 앞발은 들어 올리면서 뒷발로는 몸 뒤쪽에서 팝과 스쿱을 한다.

2. 보드를 뒷발로 띄우면서 앞발은 앞으로 내밀기 시작해야 한다. 앞다리는 뒷발 동작 시작과 함께 곧바로 움직여서 보드가 돌아갈 때 발로 앞 볼트 주변의 가장자리를 차내야 한다. 제대로 되었다면 보드가 좌우로 도는 180도 회전을 마쳤을 때 뒤집히며 도는 360도 회전도 완성된다.

3. 이때 양발은 보드에서 멀어지는 방향으로 각각 이동해 있으므로, 다시 끌어들이고 무릎을 들어 올려 보드 위로 발을 가져온다. 시선은 보드를 향하며 발을 놓을 볼트 자리를 파악한다.

4. 볼트 위로 양발을 가져갔으면, 바닥으로 착지하면서 보드를 잡는다. 보드에 발을 올릴 때는 앞으로 약간 뛰어야 한다는 점을 잊지 말자.

점차 익숙해지면 보드를 바로 위쪽으로 띄우는 시도를 해볼 수도 있다.

발 위치 잡기

알리와 같은 위치에서 시작한다.

Backside Boardslide

백사이드 보드슬라이드

슬라이드의 세계에 첫발을 내디뎌보자. 슬라이드 트릭은 렛지와 레일 같은 기물에 데크로 올라 갔다가 타고 내려오는 동작이다. 균형을 잡는 위치가 노즈인지 테일인지 혹은 보드의 중심인지 에 따라, 그리고 기물에 어떻게 접근하는지에 따라 다양한 트릭이 된다. 백사이드 그라인드/슬라 이드에서는 기물이 등 쪽에 오도록 접근해야 한다. 보드슬라이드에서는 앞 트럭을 들어 기물 위 로 올려야 한다. 두 트릭 모두 기물에 올라탈 만큼 알리를 높이하는 기술이 중요하다.

Backside Boardslide
백사이드
보드슬라이드

1. 첫 번째로 고려할 점은 기물에 접근하는 방법인데, 이는 레일인지 렛지인지에 따라 달라진다. 렛지에는 대각선으로 접근하면 안정적으로 올라탈 수 있다. 반면 레일에는 좀 더 평행하게 들어가는 것이 저항을 덜 받고, 곧바로 떨어지지 않는 방법이다. 속도도 생각해야 한다. 속도가 부족하면 끝까지 도착하는 것은 고사하고, 슬라이드가 불가능하다. 목표에 가까워지면 90도 알리를 준비한다. 무릎을 굽히고 어깨를 돌릴 준비를 한다.

유의사항

처음에는 아주 짧은 거리의 보드슬라이드부터 시도해본다. 기물에서 약 30센티미터 정도만 슬라이드하면 내려오도록 기물 끝부분에 올라탄다.

착지할 때 시작 자세로 완벽히 돌아갈 수 없을지도 모르지만 반만 돌아가도 속도만 조금 느려질 뿐 굴러가는 데는 문제가 없다. 기물, 특히 레일에 올라가는 것이 부담스러울 수 있다. 시도하는 것 자체가 가장 어려운 부분이다. 반가운 조언은 아니겠지만, 더 빨리 가면 도움이 된다. 속도를 높이면 슬라이드가 순조롭고, 균형을 잡기가 쉬워져 착지 후에 잘 굴러갈 가능성도 커진다.

2. 기물에서 대략 30센티미터 정도 남은 지점에 이르러 올라갈 때가 되면 알리를 시작한다. 앞발은 들어 올리고, 뒷발로 팝과 점프를 한다. 어깨를 틀어 다리와 보드가 90도 회전할 수 있도록 몸을 열어주는 것이 가장 중요하다.

3. 기물에 착지할 때는 몸을 약간 뒤로 젖혀야 한다. 기물의 표면에 따라 몸을 젖히는 정도도 달라진다. 콘크리트처럼 거친 소재는 저항이 커서 보드가 미끄러지도록 밀어주려면 몸을 뒤로 더 젖혀야 한다. 원형 레일이나 대리석 렛지, 혹은 왁스가 많이 묻은 기물은 매끄럽고 저항도 작아서 몸을 많이 젖힐 필요가 없다. 일단 미끄러지기 시작하면 다음 도전은 기물에서 내려가는 것이다. 팔과 어깨를 다시 시작 자세로 돌리기 시작한다.

4. 기물 끝에 다다르면 자연스럽게 떨어지겠지만 잘 굴러갈 수 있도록 준비해야 한다. 어깨는 이미 돌아가 있으니, 반동을 이용해 다리를 회전하면 보드는 기물에서 떨어지고 착지에 필요한 위치로 돌아간다. 몸은 좀 더 앞으로 숙여야 하는데, 뒤로 많이 젖혀졌던 상태라면 그만큼 많이 기울여야 착지했을 때 뒤로 미끄러지지 않는다. 기물에서 내려오면 충격에 대비해 무릎을 구부릴 준비를 한다.

발 위치 잡기

알리와 똑같은 위치에서 시작한다.

Frontside 50-50

프런트사이드
50-50

이제 처음으로 그라인드grind 트릭을 할 차례다. 그라인드는 트럭을 이용해 기물을 따라 이동하는 기술이다. 슬라이드와 마찬가지로 렛지나 레일 혹은 코핑에 올라가는 트럭의 위치와 기물에 접근하는 방법에 따라 다른 트릭이 된다. 50-50 트릭은 앞뒤 트럭을 모두 기물에 대고 이동하는 방법이다. 그중에서 프런트사이드 트릭은 기물이 몸의 앞쪽에 오도록 접근한다. 이 기술은 기물 위에 올라갈 만큼 높은 알리를 해야 하므로 백사이드 보드슬라이드보다는 조금 어려울 수 있다.

Frontside 50-50
프런트사이드 50-50

유의사항

트럭은 거친 표면에서 보드처럼 쉽게 움직이지는 않으므로, 콘크리트 재질의 표면에서 이 트릭을 시도할 때는 얼마 못 가서 멈추는 일이 없도록 먼저 왁스를 발라둔다.

50-50 트릭은 원형 레일에서 할 때 균형잡기가 훨씬 어렵다. 처음에는 상대적으로 고정하기 쉬운 편인 렛지나 사각형 레일에서 먼저 시작하자.

속도가 빠를수록 그라인드에서 빠져나가기도 쉽다. 기물 끝에서 내려가 앞뒤 트럭이 동시에 바닥에 닿게 착지하려면 앞 트럭을 들어야 하는데, 속도가 빠를수록 이 시간도 짧아지기 때문이다.

1. 기물에 약간 비스듬한 각도로 접근한다. 이 트릭에서는 알리를 하면서 탄력을 이용해 기물에 올라간다는 사실을 잘 기억하자. 기물과 평행하게 주행하면 보드와 몸을 기물에 올리기가 상당히 어려워진다. 속도는 그라인드하려는 거리를 고려해 충분히 내주어야 한다. 이때 기물 표면의 특성도 함께 고려한다. 또한 상체는 레일이나 렛지의 측면에 있는 상태를 유지해야 한다. 이제 알리 자세를 잡고 무릎을 구부려 뛰어오를 준비를 한다.

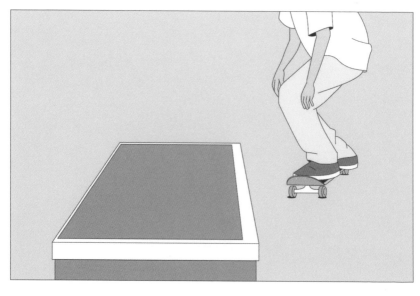

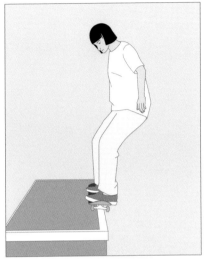

2. 적당한 순간에 알리를 하는 것이 중요하다. 너무 빠르면 기물에 올라가지 못하고, 너무 늦으면 지나쳐버린다. 같은 이유로 알리의 높이 역시 중요하다. 적절한 순간과 높이를 파악하려면 몇 차례 시도를 거듭해야 한다. 기물과의 거리가 약 30센티미터로 가까워졌을 때 알리를 하면서 뛰어오른다.

3. 공중으로 떠오르면서 자세를 약간 조정해야 한다. 비스듬한 각도에서 출발했으므로 이를 바로잡아야 하는데, 뒷발은 기물을 향해 앞으로 조금 내밀고 앞발은 뒤로 조금 뺀다. 두 트럭이 거의 동시에 기물에 닿는 것이 좋다. 기물에 착지하면서 몸을 뒤로 약간 젖혀 휠이 기물 가장자리에 딱 맞게 걸쳐지도록 한다. 이렇게 하면 안정적으로 그라인드를 하고 균형을 유지하는 데 도움이 된다.

4. 기물 끝에 가까워지면, 바닥으로 떨어지기 전에 앞 트럭을 들어주어야 한다. 매뉴얼 트릭을 할 때와 비슷하게[이 경우에는 5-0 그라인드(앞쪽 휠은 들고, 뒤쪽 휠로만 그라인드하는 방법- 옮긴이)와 비슷하게], 테일에 어느 정도 힘을 주고 앞발을 들어준다. 뒤 트럭이 기물 끝에서 내려왔으면, 앞발을 내려 보드를 수평으로 만들고 앞뒤 트럭이 동시에 닿게 착지한다. 무릎을 구부려 충격을 흡수하고 주행을 이어간다.

발 위치 잡기

기본자세로 시작한다.

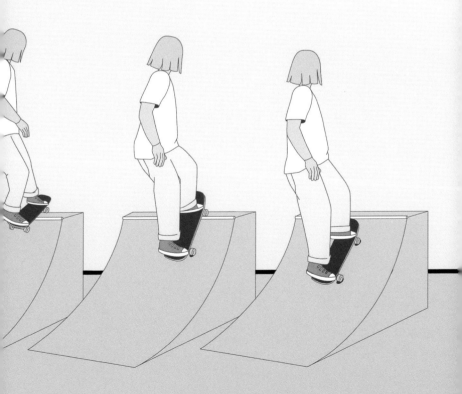

Rock to fakie

록 투 페이키

레일이나 계단보다는 볼에서 하는 스케이팅을 선호한다면 꼭 익혀야 하는 기술이 트랜지션 트릭들이다. 록 투 페이키는 쿼터파이프 스케이팅을 시작하는 최적의 기술이다. 또한 코핑에서 하는 트릭으로는 처음 배우게 되는 기술로, 스톨stall의 한 종류이다. 스톨은 램프에서 코핑에 잠깐 멈추었다가 내려가는 트릭이다. 다른 트릭들과 마찬가지로 록 투 페이키를 하는 방법에도 조금씩 차이가 있는데, 여러분도 실력을 키워가면서 차츰 자신만의 방식을 개발하게 될 것이다. 여기서는 처음으로 시작하기에 좋은 방법을 소개하겠다.

Rock to fakie
록 투 페이키

1. 필요한 속도를 판단하고 자세를 잡을 수 있도록 충분한 거리를 두고 램프에 접근한다. 뒷발은 테일에 두고 앞발은 볼트 위에 두어야 한다. 뒷발이 뒤로 갈수록 데크 앞을 들어 올릴 때 조정하기가 쉬워진다. 앞발이 앞으로 갈수록 램프를 오르내릴 때 균형 잡기가 쉬워진다.

유의사항

이 트릭의 결정적 요소는 적당한 속도다. 아주 빠른 속도로 간다면 앞 트럭이 코핑을 한참 지나쳐 갈 수 있다. 이렇게 되면 앞 트럭을 더 오래 들고 있게 되어, 다시 내려오기가 더 어려워진다. 또는 속도가 너무 빨라서 뒤 트럭까지 코핑을 넘어가게 되면 처음부터 다시 시작해야 한다. 하지만 너무 느리면 앞 트럭이 코핑에 닿지 못할 수도 있다.

어깨는 보드와 일치하도록 유지한다. 이 트릭에서는 어깨를 돌리는 경우가 거의 없다. 어깨를 정면으로 향하고 램프에 접근하면 램프에서 페이키로 내려올 때 어려워진다.

2. 램프에 오를 때는 일반적으로 경사로에 오를 때와 마찬가지로 무게 중심을 앞으로 이동하지 않고 뒤로 몸을 젖힌다. 가파른 램프일수록 뒤로 더 많이 젖혀야 한다. 앞 트럭이 코핑을 넘어가더라도 무게 중심을 앞으로 이동하지 않는 것이 중요하다. 무릎은 구부린 채로 유지해야 균형 잡기가 쉽다.

3. 앞 트럭이 코핑을 넘을 수 있도록 발을 들어준다. 즉 앞 트럭이 코핑에 가까워지면 앞발을 들어 올려 앞 트럭이 램프에서 떨어져 코핑을 넘어가도록 해야 한다. 앞다리를 굽히고 뒷다리는 약간 펴준다. 이 동작은 매뉴얼을 하는 것과 매우 유사하다.

Rock to fakie
록 투 페이키

4. 앞 트럭이 코핑을 넘어가면, 앞 트럭을 낮춰 코핑 위쪽에 놓이게 한다. 앞다리를 펴고 뒷다리를 구부린다. 이 동작은 모두 다리만 움직이는 것임을 잊지 말자. 어깨를 앞으로 이동하면 내려올 때 보드에서 떨어지게 된다.

5. 이제 램프에서 내려갈 차례다. 가는 곳을 확인할 수 있도록 고개를 돌려 램프 아래를 내려다본다. 앞다리를 구부리고 뒷다리를 펴면서, 앞 트럭을 들어 올려 코핑에서 벗어나 램프로 내려온다. 이 부분이 가장 어려운데, 자신을 믿고 과감하게 내려오려면 상당한 용기가 필요하기 때문이다.

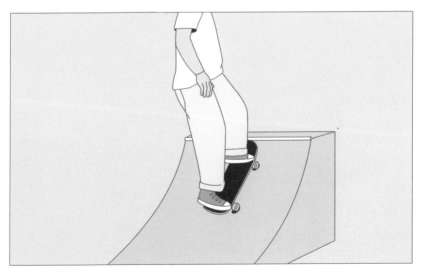

6. 코핑을 완전히 지날 때까지 앞 트럭을 반드시 들어야 한다. 코핑에 트럭이 부딪치면, 트럭이 코핑에 걸려 보드는 멈추고, 몸만 내려가게 된다. 코핑을 완전히 지난 뒤에는 앞 트럭을 낮추고 내려온다.

발 위치 잡기

기본자세로 시작한다.

Rock 'n' roll

로큰롤

이 트릭은 록 투 페이키의 다음 단계로, 180도 회전하여 거꾸로 가지 않고 기본 스탠스로 내려오는 기술이다. 처음 몇 단계는 록 투 페이키와 똑같이 스톨을 하지만, 그 다음부터는 방법이 달라진다. 로큰롤은 진행 방향을 보면서 움직이므로 록 투 페이키를 할 때보다 코핑에 걸리거나 뒤로 넘어지는 것에 대한 두려움을 적게 느끼는 사람들도 있다.

Rock 'n' roll
로큰롤

유의사항

사람들이 이 트릭에서 가장 어려워하는 부분은 회전이다. 상체를 완전히 돌려서 램프를 내려오려면 팔과 어깨를 잘 이용해야 한다.

록 투 페이키와 마찬가지로 로큰롤도 다양한 방식이 있기 때문에 각자 자신이 가장 좋아하는 방식을 찾게 될 것이다. 이 기술을 배울 때는 앞 트럭이 코핑을 넘어갈 정도로만 적당히 속도를 내는 방법을 추천한다. 트릭을 멋지게 구사하기 위해 뒤 트럭이 코핑에 닿을 정도로 앞 트럭을 멀리까지 가져가기도 하지만, 이는 훨씬 어려운 방법이다.

1. 푸시로 출발해서 앞 트럭이 코핑을 넘어갈 정도의 속도를 낸다. 이때 램프의 형태나 크기도 함께 고려해야 한다. 발 위치를 잡기 위해서는 충분한 거리를 두고 푸시를 멈추어야 한다. 램프에 오를 때는 몸을 뒤로 젖혀 상체와 램프가 멀어지게 한다. 무릎은 굽힌 자세를 유지하고 가파른 램프에서는 몸을 더 많이 젖힌다.

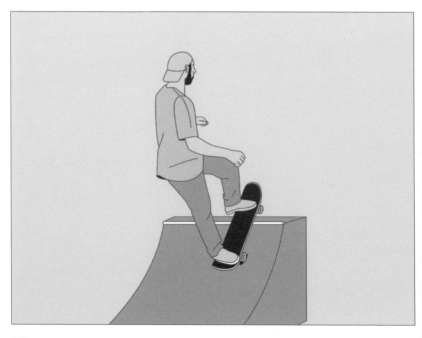

2. 앞 트럭이 코핑을 넘어갔으면 앞 트럭을 내 린다. 적당한 속도에서는 자연스럽게 멈추면서 트럭이 내려오게 된다. 앞 트럭이 코핑을 넘어 가는 순간 어깨를 돌리고 있어야 한다. 앞발을 안정적으로 딛고 있으면 어려움 없이 어깨를 돌릴 수 있다.

3. 앞발을 들어 올리면서 상체를 돌리는 탄력 을 이용해 보드를 돌린다. 뒤 트럭의 휠을 중심 축으로 회전하는 이 동작은 킥 턴과 매우 비슷 하다. 회전을 시작할 때 앞다리를 밀어주면 더 욱 탄력을 받을 수 있다.

4. 180도 회전한 뒤에는 앞 트럭의 휠이 램 프에 닿게 된다. 약간 충격이 생길 수 있으 므로 무릎을 굽힐 준비를 하고 램프를 향 해 몸을 숙인다.

발 위치 잡기

기본자세에서 시작한다.

액슬 스톨

액슬 스톨은 훌륭한 트랜지션 트릭으로 코핑에 앞뒤 트럭으로 멈추는 기술이다. 속도와 타이밍, 체중 분산이 성공의 관건이다. 다른 트랜지션 트릭과 마찬가지로 작은 쿼터 파이프에서 시작해 충분히 숙달된 후에 큰 기물에 도전하는 것이 좋다. 액슬 스톨은 조금씩 변형된 다양한 방식으로 구사할 수 있지만, 여기에서는 시작하기에 좋은 방식을 소개한다. 이 트릭을 제대로 구사하기 위해서는 돌아 내려오기 전에 램프 상단에 정확히 닿는 것이 중요하다.

Axle Stall
액슬 스톨

1. 뒤 트럭이 코핑까지 올라갈 정도의 속도를 낼 수 있게 푸시한다. 록 투 페이키나 로큰롤을 할 때보다는 조금 더 빠르게 가야 한다. 회전을 적게 하려고 램프에 비스듬하게 접근하는 경우도 있지만, 탄력으로 코핑에서 벗어날 수 있으므로 똑바로 진입하는 편이 더 쉽다.

유의사항

이 트릭을 처음 시도할 때는 앞 트럭이 코핑이 아닌 램프의 상단에 놓이는 피블 스톨을 하는 경우가 많다. 여기에는 다양한 원인이 있는데 체중을 너무 빨리 앞으로 이동하거나, 앞 트럭을 너무 빨리 내리거나, 어깨를 너무 늦게 돌리기 때문일 수도 있다.

액슬 스톨에서 다시 램프로 드롭 인을 할 때 두려움을 느낄 수 있다. 하지만 일반적인 드롭 인을 할 때와 마찬가지로 몸을 앞으로 충분히 숙이고 몸을 낮추는 것이 중요하다. 이렇게 해야 램프에서 제대로 내려올 수 있다. 트릭 전체 동작을 하기 전에 보드를 코핑에 놓고 드롭 인을 연습해 보아도 좋다.

2. 램프에 올라갈 때, 몸은 뒤로 젖히고 다리는 구부린 채 균형을 유지한다. 앞 트럭이 코핑에 가까워지면 앞발을 들어 올리고 계속해서 램프 위로 올라간다. 몸을 뒤로 젖히고 당분간 자세를 유지해야 한다.

3. 여기서는 타이밍이 결정적이다. 뒤 트럭이 코핑에 닿으려는 순간, 재빨리 어깨를 90도 돌리고 체중을 램프로 이동해, 앞뒤 트럭을 코핑에 걸고 램프 상단에서 보드에 똑바로 서도록 한다.

Axle Stall
액슬 스톨

4. 이때 코핑에 착지한 상태에 따라 트럭 위치를 조정한다. 뒤 트럭을 앞으로 밀어 램프 상단 쪽 바퀴가 코핑에 맞닿도록 했을 때 램프로 내려가기가 더 수월하다고 느끼는 사람들도 있다. 곧바로 이 위치로 설 수도 있고, 트럭이 램프에 완전히 올라오는 것을 선호할 수도 있다.

5. 램프로 다시 내려가려면 뒷발을 중심축으로 회전해야 한다. 어깨를 먼저 틀어준 뒤에 앞발을 들어 앞 트럭이 코핑에서 떨어져 램프 아래쪽으로 내려가게 한다. 이제 체중을 다시 램프쪽으로 싣고 앞쪽 어깨를 낮춰 몸이 다시 아래를 향해 내려가게 한다.

6. 착지할 때는 램프에서 균형을 유지하기 위해 90도를 완전히 돌아서 램프 아래를 향해 몸을 충분히 숙이고 있는지 확인해야 한다. 앞 휠이 램프에 닿을 때의 충격에 대비해 다리를 충분히 구부려야 잘 굴러 내려갈 수 있다. 램프를 내려가면서 보드에서 떨어지지 않도록 경사에 맞게 무게 중심을 다시 조정한다.

용어

180(원-에이티)
몸과 스케이트보드가 반 바퀴 회전하
는 트릭.

50-50
앞뒤 트럭을 모두 기물에 대고 하는
그라인드 기술.

구피
주로 사용하는 두 가지 스탠스 중 하
나로 오른발을 보드 앞쪽에, 왼발을
뒤쪽에 둔다(레귤러 항목 참조).

그라인드 박스
길이가 비교적 짧은 기물로 그라인드
를 할 수 있도록 가장자리가 단단한
재질로 되어 있다. 일반적으로 렛지
보다 넓다.

그라인드
한쪽 트럭이나 앞뒤 트럭 모두를 기물
에 대고 이동하는 동작.

그립테이프
사포와 비슷한 재질로 데크 윗면에 부
착해 발이 미끄러지지 않게 한다.

기물
스케이트보딩에서 트릭을 할 때 사용
되는 구조물.

널리
앞발을 노즈에 두고 뒷발은 보드 중심
에 가깝게 두는 스탠스. 또는 이런 자
세에서 하는 알리.

노즈
스케이트보드의 위쪽 끝부분.

더블 킥
긴 테일과 노즈가 모두 있는 스케이
트보드로 트릭을 구사하는 데 사용
할 수 있다.

데크
스케이트보드에서 길고 평평한 나무
판 부분.

드롭 인
램프에서 내려가기 위해 보드의 테일
을 램프 상부 끝에 올려두고, 뒤 트럭
을 모서리에 걸치는 동작으로 주로 코
핑이 있는 램프에서 한다.

라인
여러 트릭을 연달아 하는 것. 혹은
스케이트파크에서 보편적으로 타는
경로.

러닝 스타트
보드를 손에 들고 달려가다가 바닥에
놓으며 뛰어올라 타는 방법.

레귤러
주로 사용하는 두 가지 스탠스 중 하
나로 왼발을 보드 앞쪽에, 오른발을
뒤쪽에 둔다(구피 항목 참조).

레일
그라인드와 슬라이드에 사용되는 가
느다란 형태의 금속 기물.

렛지
좁은 형태의 그라인드 박스로 다른 램
프의 옆에 연결되기도 한다.

롤 인
평평한 상부에서 곧바로 램프로 들어
가는 방법.

롱보드
길쭉한 스케이트보드로, 보통 크고 부
드러운 휠을 사용한다.

매뉴얼
한쪽 트럭의 휠로만 균형을 잡는 트릭.

매뉴얼(매니) 패드
비교적 작고 평평한 기물로 보통 매뉴
얼을 할 때 쓰인다.

몽고
푸시를 할 때 뒷발이 아닌 앞발로 미
는 것.

백사이드 (기물)
몸 뒤쪽에 있는 기물에 접근하면서 구
사하는 트릭.

백사이드 (트릭)
동작 진행 방향을 등지고 몸이나 보드
를 회전시켜 구사하는 트릭(트릭을 페이
키로 실행할 때는 제외).

뱅크
넓고 반반하고 경사진 램프로 상부에
평평한 단이 있는 경우도 있다.

버트 스케이팅
일반적으로 최소 3.4미터 높이에 윗
부분이 수직으로 떨어지는 넓은 하프
파이프에서 타는 스케이트보딩 방식.

보드슬라이드
보드의 중심을 기물에 대고 이동하
는 트릭.

볼
스케이트보딩에 쓰였던 빈 수영장에
서 비롯된 넓은 시멘트 구조물로 대개
지면 아래로 움푹 들어가 있다.

볼트
보드를 트럭에 고정하는 하드웨어.

셔브-잇(셔빗)
그립테이프 면이 위로 향하도록 유지
하면서 보드를 회전하는 동작.

스위치
선호하는 스탠스의 반대로 타는 것.
이를테면 구피가 레귤러 스탠스로 타
는 것을 말한다.

스톨
램프에 올라가 코핑에서 정지 자세를
하고 내려오는 트릭.

스트리트 스케이팅
계단이나 레일, 렛지와 같은 기물을
타는 스케이트보딩 방식으로 스케이
트파크나 도시 환경에서 할 수 있다.

슬라럼
언덕을 내려가면서 설치된 콘을 지그
재그로 지나가는 스케이트보딩 방식.

슬라이드
노즈와 테일 혹은 보드 중심을 기물
에 대고 이동하는 동작.

알리
점프와 함께 테일로 바닥을 치면서 스
케이트보드를 공중에 띄우는 트릭.

컨케이브
데크 표면의 곡면.

컴플리트
필요한 부속품을 모두 포함시켜 판매
하는 스케이트보드.

코핑
램프 상단의 모서리에 있는 콘크리트
나 금속 재질의 가장자리. 주로 볼이
나 쿼터 파이프, 하프파이프에서 볼
수 있다.

쿼터 파이프
곡면 램프로 대개 위쪽 모서리에 코
핑이 있다.

크루저
이동을 주목적으로 하는 스케이트보
드. 크고 부드러운 바퀴와 작고 형태
가 다양한 데크를 사용한다.

킥 턴
앞 트럭을 들고 뒤 트럭을 중심으로
회전하여 방향을 바꾸는 기술.

테일
스케이트보드의 아래쪽 끝.

트랜지션
쿼터 파이프나 하프파이프, 볼과 같
은 기물을 타는 스케이팅 방식. 또는
수평에서 수직으로 구부러지는 램프
의 부분.

트럭
스케이트보드의 금속 부품으로 휠과
데크가 고정되는 부분.

파워슬라이드
보드를 90도 회전시키고 바닥에서
미끄러지면서 속도를 늦추거나 멈추
는 방법.

팝
테일이나 노즈로 바닥을 쳐서 보드 전
체를 공중에 띄우는 동작.

페이키
기본 스탠스로 스케이트보드를 타지
만, 보드의 테일이 이동 방향으로 향
하도록 거꾸로 타는 것.

프런트사이드 (기물)
몸 앞쪽에 있는 기물에 접근해서 구사
하는 트릭.

프런트사이드 (트릭)
동작 진행 방향을 향하여 몸이나 보드
를 회전시켜 구사하는 트릭.

프리스타일
평지에서 기술적 트릭을 수행하는 스
케이트보딩 방식.

플립
트릭 보드를 한 바퀴 회전시켜 그립테
이프 면이 바닥을 향했다가 다시 위
로 오게 하는 동작. 킥플립이나 힐플
립 등이 있다.

행 업
램프의 코핑에 트럭이 걸리는 것으로
스케이터가 보드에서 떨어지는 원인
이 된다.

감사의 글

스키틀독Skittledog의 모든 분에게 감사드립니다. 에바 자크는 믿을 수 없이 놀라운 일러스트레이션을 완성하고, 사소한 부분까지 세심하게 고려해주었습니다. 당신의 그림이 없었다면 어떠한 글도 무의미했을 것입니다. 게이너 서먼은 이 책을 쓰고 펴내는 과정의 모든 단계를 차근차근 설명해주고 이끌어주었습니다. 당신의 지원과 인내심에 감사의 마음을 전합니다. 책 한 장 한 장에 생동감을 불어넣어 준 마수미 브리오조에게 감사드립니다. 천재적인 창의성을 발휘한 앵거스 하일랜드와 이 모든 일을 실현하게 해준 펠리시티 오드리에게도 감사드립니다. 두 사람의 공을 가볍게 여기지 않으며, 이 책에 쏟아부은 모든 노력에 진심으로 감사드립니다.

이 프로젝트는 처음부터 끝까지 자라 라르컴 덕분에 이루어질 수 있었습니다. 나는 아직도 얼떨떨한 기분입니다. 코로나19로 봉쇄되었던 기간에 이 책을 처음 제안했을 때부터 실제로 책이 출간되기까지 애써준 고마움은 어떤 말로도 온전히 표현할 길이 없습니다. 또한 나의 놀라운 여자친구인 조지에게 어마어마한 도움을 받았습니다. 당신은 내가 당황해 어찌할 바를 모를 때도 계속 나아갈 수 있게 해주고, 하루하루를 축복받은 날로 만들었습니다. 당신과 함께하지 않았다면 나는 이 책을 쓸 수 없었을 것입니다.

내 가족에게도 고마움을 전합니다. 세상에서 가장 좋은 내 엄마에게 감사드립니다! 몇 년 동안이나 그립테이프로 망가진 내 신발과 부러진 데크를 갈아 주신 어머니의 노고가 헛되지 않게 되어 기쁩니다. 응급실을 들락날락하고, 상처를 보살피며 나를 돌봐주셔서 감사합니다. 어머니 덕분에 지금의 내가 있고, 그 은혜는 아무리 애써도 갚을 수 없을 것입니다. 그동안 내 인생의 모든 부분에서 지원을 아끼지 않은 아버지와 조, 루크에게 감사합니다. 언젠가는 내가 보답할 수 있기를 바랍니다. 내 조카들인 엘리엇과 프레디, 조지, 앨리스에게 고마움을 전합니다. 조카들 덕분에 나는 차세대 스케이트보더들에게 도움이 되고 싶다는 의지가 생겼습니다.

놀라운 일을 해내고 있는 브라이튼 유스 센터의 모든 분에게도 감사를 전하고 싶습니다. 덕분에 브라이튼 지역 어린이들은 날씨와 상관없이 스케이트를 탈 수 있습니다. 나 역시 그곳에서 스케이트를 배웠고, 그곳에서 일할 수 있는 것을 영광으로 생각합니다. 스케이트파크의 리엄, 마커스, 제스, 제이피, 마리오는 내게 수없이 많은 도움의 손길을 주었습니다. 특히 스케이트보드 코치로서 오늘날의 내 모습은 리엄과 마커스가 만들어준 것이나 다름없습니다. 두 사람이 내게 전수해준 지식이 없었다면 이 책도 존재할 수 없었을 것입니다.

이 책에 소개한 트릭들을 몇 번이고 되풀이하면서 내가 원하는 방식에 한 치의 어긋남도 없이 맞추어준 마크와 크리스에게도 감사를 전합니다. 두 사람은 끝도 없이 의견을 구하는 내 요청에도 매번 기꺼이 도움을 주었습니다. 이 책을 집필할 때 더없이 귀중한 역할을 했던 앤디 에번스의 식견에도 감사를 표합니다.

나에게 스케이트를 배웠던 모든 분 덕분에 내가 발전하고, 내 일에서 보람을 느낄 수 있었습니다. 감사드립니다.

지난 한 해 동안 내게 격려의 말씀을 해주신 모든 분에게 감사합니다. 스케이트보드에 관한 책에 관심과 흥미를 보이는 사람들의 말 한마디 한마디가 소중했고, 나를 이끌어주는 원동력이었습니다.

마지막으로 세상의 모든 친절하고 따뜻한 스케이트보더들에게 감사드립니다. 사람들이 보드에 입문하고, 열중할 수 있는 것은 바로 여러분 덕분입니다. 스케이트보드가 계속해서 삶을 변화시킬 수 있기를 기원합니다.

지은이 **잭 프랜시스** JACK FRANCIS

잭 프랜시스는 걸음마를 배우고 얼마 지나지 않아 스케이트보딩을 배웠으며, 그때부터 전 세계의 도시를 다니며 스케이트보드를 탔다. 현재 영국의 브라이튼에서 스케이트보딩을 가르치고 있다.

일러스트 **에바 자크** EWA ŻAK

에바 자크는 베를린에서 일러스트레이터이자 디자이너로 활동하고 있다.